BOLSONARO
O mito e o sintoma

CONTRACORRENTE

RUBENS R. R. CASARA

BOLSONARO
O mito e o sintoma

São Paulo

2020

CONTRACORRENTE

Copyright © **EDITORA CONTRACORRENTE**
Rua Dr. Cândido Espinheira, 560 | 3º andar
São Paulo – SP – Brasil | CEP 05004 000
www.editoracontracorrente.com.br
contato@editoracontracorrente.com.br

Editores
Camila Almeida Janela Valim
Gustavo Marinho de Carvalho
Rafael Valim

Equipe editorial
Denise Dearo (design gráfico)
Maikon Nery (capa)
Juliana Daglio (revisão)

Dados Internacionais de Catalogação na Publicação (CIP)
(Ficha Catalográfica elaborada pela Editora Contracorrente)

R895   CASARA, Rubens R. R.
         Bolsonaro: o mito e o sintoma| Rubens R. R. Casara – São Paulo: Editora Contracorrente, 2020.

         ISBN: 978-65-991194-15

         1. Ciências Sociais. 2. Política brasileira. 3. Democracia. I. Título. II. Autor.

                                                                        CDD: 320
                                                                        CDU: 323.2

Impresso no Brasil
Printed in Brazil

SUMÁRIO

APRESENTAÇÃO DA COLEÇÃO IREE 7

PREFÁCIO 9

CAPÍTULO I – O empobrecimento subjetivo 11

CAPÍTULO II – Da "democracia de baixa intensidade" ao "Estado Pós-Democrático" 17

CAPÍTULO III – O ponto zero: a criação do monstro Behemoth 27

CAPÍTULO IV – O combate à corrupção 37

CAPÍTULO V – Propaganda bolsonarista 41

CAPÍTULO VI – A nova obscuridade 53

CAPÍTULO VII – A paranoia como condição de possibilidade do bolsonarismo 57

CAPÍTULO VIII – O desejo por autoritarismo 63

CAPÍTULO IX – Em busca de um "líder" 69

CAPÍTULO X – A "nova" política 75

CAPÍTULO XI – A defesa do indefensável 81

CAPÍTULO XII – A autoridade populista 87

CAPÍTULO XIII – A ignorância como matéria-prima 93

CAPÍTULO XIV – A naturalização das opressões 103

CAPÍTULO XV – A revolução cultural bolsonarista 119

CAPÍTULO XVI – O bolsonarismo judicial: a tradição autoritária e o modo neoliberal de julgar 125

CAPÍTULO XVII – Um sub-Trump nos Trópicos 135

CAPÍTULO XVIII – Bolsonaro como mito 141

CAPÍTULO XIX – Bolsonaro como sintoma 145

CAPÍTULO XX – Conclusão: pensar em alternativas 149

REFERÊNCIAS BIBLIOGRÁFICAS 155

APRESENTAÇÃO DA COLEÇÃO IREE

O Brasil é um país ávido por aprender e refletir. É o que o seu povo mais deseja. Tanto mais aqueles há séculos esquecidos, senão desassistidos por políticas públicas cuja finalidade é a asfixia de qualquer pensamento crítico disseminado, porque a crítica, sobretudo a crítica alentada, é inoportuna ao nosso arremedo de democracia. Uma democracia por adesão, mal-ajambrada pelas nossas elites, para que às massas reste apenas concordar. E essa democracia defeituosa e puída menoscaba, por engano, toda a democracia. Uma farsa, pela qual a corruptela assumiu a identidade da ideia original e insuperável, para demonizá-la e para massacrar toda a liberdade.

A associação entre a máquina de conteúdo do IREE e o dínamo editorial pelo qual a Contracorrente transmuda pensamento em obras literárias clássicas, tem a finalidade de perverter a ordem de coisas engendradas para este país e para o seu povo. Levará livros de altíssima qualidade aos leitores desejosos de conhecer. Articulará aos livros da Contracorrente os seminários, os cursos, as entrevistas, os projetos e as propostas de políticas públicas que o IREE produz todos os dias.

É o fruto de uma maquinação que pretende desqualificar os minúsculos planos concebidos para a nossa gente e, então, substituí-los pela grandeza, que é o seu devido lugar.

RUBENS R. R. CASARA

O primeiro projeto do selo Contracorrente-IREE é o magnífico livro de Rubens R. R. Casara, sob o título *Bolsonaro: o mito e o sintoma*.

Virão outros, esperem! São balas de canhão contra o sistema.

Walfrido Warde
Presidente do Instituto para a Reforma
das Relações entre Estado e Empresa – IREE

PREFÁCIO

Com esta obra Rubens Casara oferece mais uma decisiva contribuição para o debate público brasileiro. Resultado do desassombro, da erudição e da agudeza analítica do autor, dela se extrai uma sofisticada e convincente leitura do fenômeno Bolsonaro.

Erram aqueles, porém, que imaginam encontrar neste livro uma crítica *ad hominem*, centrada na pessoa de Bolsonaro, o que, convenhamos, teria escasso proveito teórico. O que faz Rubens Casara é desvelar, a partir de sua notável proficiência em Direito, Filosofia, Psicanálise, Ciência Política e História, o fenômeno que culminou na eleição de Jair Bolsonaro e que tem outros representantes dentro e fora do Brasil.

Algumas ideias veiculadas no livro chamam especialmente a atenção e merecem realce.

Uma delas é o papel desempenhado pelo Sistema de Justiça no fenômeno Bolsonaro. Lembremo-nos de que o autor, para além de um grande teórico, é juiz de direito, o que lhe confere um lugar privilegiado para examinar como os órgãos que compõem o Sistema de Justiça foram determinantes na transformação da crise de representação em uma crise dos próprios valores, princípios e regras democráticos.

Outro ponto que merece destaque é a afirmação de que os governos eleitos por vias democráticas no Brasil não foram capazes de romper nossa tradição autoritária. A redução das desigualdades e as chamadas "políticas identitárias" alteraram nossa economia simbólica, mas não promoveram uma superação de nosso padrão violento, escravagista, sexista e homofóbico de sociabilidade.

Não se pode deixar ainda de assinalar a competente análise do neoliberalismo e da influência marcante da racionalidade neoliberal no fenômeno Bolsonaro, a nos revelar quão disparatadas são as tentativas de dissociar o autoritarismo do modelo econômico que lhe é subjacente. O neoliberalismo, apesar de ser conaturalmente autoritário, agora vive uma fase em que nem mesmo o discurso dos direitos fundamentais é aceitável, de que é prova exatamente o governo Bolsonaro.

Estes são apenas alguns exemplos das diversas reflexões reunidas nesta extraordinária obra de intervenção que o autor entrega às leitoras e aos leitores da Editora Contracorrente.

Rubens Casara é um indesejável, nos termos de sua própria teoria. Alguém cujas ideias críticas não estão à venda e, por essa razão, incomoda profundamente os donos do poder. Ler sua obra, portanto, é um ato político, uma reverência ao que de melhor se produz pela intelectualidade brasileira.

Rafael Valim

Capítulo I
O EMPOBRECIMENTO SUBJETIVO

Os discursos de ódio, a dificuldade de interpretar um texto, o desaparecimento das metáforas, a incapacidade de perceber os deslocamentos de sentido, a incompreensão das ironias, a divulgação de notícias falsas (ou manipuladas) e a desconsideração dos valores democráticos são fenômenos que podem ser explicados a partir de uma causa: o empobrecimento subjetivo.

Empobrecimento que se dá na linguagem. A linguagem, aliás, que sempre antecipa sentidos. Assim, uma linguagem empobrecida antecipa sentidos empobrecidos e estruturalmente violentos, pois se fecham à alteridade, às nuances e à negatividade que é constitutiva do mundo e se faz presente em toda percepção da complexidade. Sentidos empobrecidos que, como se verá, não se prestam à reflexão e que são funcionais à manutenção das coisas como estão.

A linguagem empobrecida é o resultado do que se tem chamado de "racionalidade neoliberal",[1] um modo de ver e atuar no mundo que transforma (e trata) a tudo e a todos como mercadorias, como objetos que podem ser negociados e/ou descartados. A racionalidade neoliberal

---

[1] DARDOT, Pierre; LAVAL, Christian. *La nouvelle raison du monde:* essai sur la société néolibérale. Paris: La Découverte, 2009.

adota o modelo de funcionamento da "empresa" para todas as relações sociais e adere à lógica da concorrência que faz do "outro" um concorrente e/ou inimigo. As decisões no mundo-da-vida são tomadas a partir de cálculos de interesse que visam apenas lucros e vantagens pessoais.

Tratar todas as coisas e as pessoas como mercadorias leva a modificações profundas nos discursos. A lógica das mercadorias esconde o negativo e o complexo, o que leva a discursos que apresentam as coisas existentes como pura positividade e simplicidade. Não é por acaso que para atender ao projeto neoliberal, que poderíamos resumir como a total liberdade voltada apenas para alcançar o lucro e aumentar o capital, cria-se uma oposição à mentalidade subjetiva, apaixonada, imaginativa e sensível.

Ainda segundo o mantra neoliberal, não há que se sensibilizar com a violação de direitos ou de outros limites democráticos ao exercício do poder. Isso porque todo limite passa a ser percebido como um obstáculo aos interesses do mercado e à livre circulação do capital. Há uma recusa a qualquer compaixão ou empatia. A promessa neoliberal é a de ilimitação, a de ausência de obstáculos à satisfação pessoal. Não por acaso, esse modo de ver e pensar leva ao esquecimento de como lidar e reagir ao sofrimento e a dor.

Na era do empobrecimento da linguagem, não há espaço para a negatividade que é condição de possibilidade tanto da dialética quanto da hermenêutica mais sofisticada. Tudo deve se apresentar como simples e direto para evitar os conflitos, as dúvidas e a percepção de que é possível ou necessário mudar. Aposta-se, então, em explicações hipersimplistas dos eventos humanos, o que faz com que sejam interditadas as pesquisas, as ideias e as observações necessárias para um enfoque e uma compreensão adequada dos fenômenos.

Correlata a essa "simplificação" da realidade, há a disposição a pensar mediante categorias rígidas. A população é levada a recorrer ao pensamento estereotipado e à reprodução de "slogans argumentativos" (tais como "bandido bom é bandido morto", "vai para Cuba" etc.), fundamentado com frequência em preconceitos aceitos como premissas,

CAPÍTULO I - O EMPOBRECIMENTO SUBJETIVO

que fazem com que não exista a necessidade de esforço para compreensão da realidade em toda a sua complexidade.

Diante desse quadro, a pessoa que se afasta do pensamento raso e dos slogans argumentativos, e assim coloca em dúvida as certezas que se originam da adequação aos preconceitos, torna-se um inimigo a ser abatido, isso se antes não for cooptado. Nesse sentido, pode-se falar que o empobrecimento da linguagem gera o ódio direcionado a quem contraria essas certezas e desvela os correlatos preconceitos.

É também o empobrecimento da linguagem que reforça a dimensão domínio-submissão e leva à identificação com figuras de poder ("o poder sou Eu"). Pense-se, por exemplo, em um juiz lançado no empobrecimento da linguagem: não há teorias, dogmática, tradição ou lei que lhe sirva de limite. A "lei" é "ele mesmo" a partir de suas convicções, de seus preconceitos e de seu pensamento simplificado. Em apertada síntese, o empobrecimento da linguagem abre caminho à afirmação desproporcional tanto da convicção e de certezas delirantes em detrimento do valor "verdade" quanto dos valores "força" e "dureza" que geram obstáculos ao diálogo e às soluções consensuais, razão pela qual as pessoas lançadas na linguagem empobrecida sempre optam por respostas de força em detrimento de soluções baseadas na compreensão dos fenômenos e no conhecimento. Essa ênfase na força e na dureza leva ao anti-intelectualismo e à negação de análises minimamente sofisticadas.

A razão neoliberal se sustenta na hegemonia do "vazio do pensamento" expressa no empobrecimento da linguagem, na incapacidade de reflexão e em uma percepção democrática de baixíssima intensidade. Qualquer processo reflexivo ou menção aos valores democráticos representam uma ameaça a esse projeto de mercantilização do mundo. Não por acaso, a razão neoliberal levou à substituição do sujeito crítico kantiano pelo consumidor acrítico,[2] do sujeito responsável por suas atitudes pelo "as-sujeito" que protagoniza a banalidade do mal, na medida em que é incapaz de refletir sobre as consequências de seus atos.

---

[2] DUFOUR, Dany-Robert. *L'art de réduire les têtes*. Paris: Denoël, 2003.

Pode-se, então, identificar a sociedade que atende à razão neoliberal como uma sociedade do pensamento ultra-simplificado. Essa exigência de simplificação tornou-se um verdadeiro fetiche e um tema totalizante. Como em toda perspectiva totalizante, há uma tendência à barbárie: aos que não cederam ao pensamento simplificado, reserva-se a exclusão e, no extremo, a eliminação.

As coisas se tornam simples ao se eliminar qualquer elemento ou nuance capaz de levar à reflexão. A simplicidade neoliberal exige que se elimine toda a "negatividade" e as "diferenças" que não podem ser objeto de exploração comercial, fazendo com que a coisa se torne rasa, plana e incontroversa, para que se encaixe sem resistência ao projeto neoliberal. A simplicidade leva a ações operacionais, no interesse do capital, que se subordinam a um governo passível de cálculo e controle.

A simplicidade também se afasta da verdade e se mostra compatível com a informação (também simplificada) e com as chamadas *fake news*, mentiras que produzem efeito de verdade, normalmente por confirmarem preconceitos dos receptores do falso. A verdade, por definição, é complexa, formada de positividades e negatividades, a ponto de não ser apreensível por meio de atividade humana. A verdade nunca é meramente expositiva. A informação, por sua vez, é construída e manipulada segundo a lógica das mercadorias. A informação simplificada, tal qual as *fake news*, recorre aos preconceitos e as convicções dos destinatários para se tornar atrativa e ser consumida.

Da mesma maneira, a simplicidade neoliberal também impede o diálogo, que exige abertura às diferenças, para insistir em discursos, adequados ao pensamento estereotipado e simplificador, verdadeiros monólogos, por vezes vendidos como "debates". O ideal de comunicação na era da simplificação neoliberal parte do paradigma do amor ao igual. A comunicação ideal seria aquela entre iguais, na qual o igual responde ao igual e, então, se gera uma reação em cadeia do igual. Alguns chamam essa reação de "lógica do gado".

É esse amor ao igual, avesso a qualquer resistência do outro, o que só é possível diante da linguagem empobrecida, é que explica o ódio ao

CAPÍTULO I - O EMPOBRECIMENTO SUBJETIVO

diferente, a quem se coloca contra esse projeto totalizante e a essa reação em cadeia do igual. Vale lembrar que Freud já identificava nos casos de paranoia um amor ao igual, que por não ser reconhecido e correspondido se tornava insuportável a quem amava. Esse ódio, que nasce do amor ao igual e da comodidade gerada pelo pensamento simplificador, direciona-se à alteridade que retarda a velocidade e a operacionalidade da comunicação entre iguais, coloca em questão as certezas e desestabiliza o sistema.

Quem ousa ser diferente, e pensar para além do pensamento simplificador autorizado, deve ser eliminado, simbólica ou fisicamente, em atenção ao projeto neoliberal. O outro, o que pensa diferente, mais do que um concorrente, passa a ser percebido como um inimigo a ser destruído. Formam-se bolhas incomunicáveis.

O fenômeno Bolsonaro não seria possível sem o empobrecimento subjetivo da população brasileira.

Capítulo II

DA "DEMOCRACIA DE BAIXA INTENSIDADE" AO "ESTADO PÓS-DEMOCRÁTICO"

A expressão "Estado Democrático de Direito" evoca, em termos weberianos, um "tipo ideal" de Estado que teria como principal característica a existência de limites rígidos ao exercício do poder. Em concreto, porém, todos os Estados convivem com uma margem de ilegalidades e de abusos de poder. Ilegalidades são praticadas todos os dias tanto por particulares quanto pelo próprio Estado.

O número de ilícitos cometidos pelo Estado se explica, em grande medida, em razão dos interesses políticos condicionarem o direito. Em apertada síntese, o poder político estabelece o direito e condiciona o funcionamento em concreto do Estado. Condicionado, o direito acaba afastado sempre que necessário à realização do poder, de qualquer poder. Há manifestações de poder que escapam da legalidade, porque ao longo da história, e Marx já havia percebido isso, a legalidade esteve (quase) sempre a serviço do poder e sua função se limitava a legitimar "a lei do mais forte".

Na pós-democracia, o que ocorre é diferente. O que há de novo não é a violação em determinadas circunstâncias ou diante de interesses pontuais, mas o desaparecimento dos valores democráticos da esfera pública, a superação do modelo democrático de Estado. A democracia, com suas regras, princípios e valores, passa a ser vista como um entrave para o Estado. Como, em razão da racionalidade neoliberal, o Estado deve servir ao mercado e atender aos interesses dos detentores do poder econômico, os limites democráticos ao exercício do poder tornam-se obstáculos ao lucro e à circulação ilimitada do capital.

O Brasil, que sempre conviveu com uma democracia de baixa intensidade, passou docilmente à pós-democracia. Se no Estado Democrático de Direito havia a pretensão de limitar o poder, a principal característica do Estado Pós-Democrático é a ilimitação. Em razão da reaproximação neoliberal entre o poder político e o poder econômico, da mercantilização do mundo, da adoção do mercado como modelo para todas as relações sociais, do aprofundamento da sociedade do espetáculo (espetáculo como mercadoria), do despotismo do mercado, do narcisismo extremo, da hegemonia da lógica da concorrência entre as pessoas, do crescimento do pensamento autoritário, dentre outras transformações no Estado, na Sociedade e nos indivíduos, perdeu-se qualquer pretensão de concretizar a democracia ou fazer valer os limites democráticos ao exercício do poder.

As desregulamentações promovidas pelo governo de Bolsonaro vão ao encontro da ilimitação inerente tanto à visão de mundo neoliberal quanto ao Estado Pós-Democrático. O objetivo dessas medidas adotadas pelo governo Bolsonaro é claro: afastar limites e controles para aumentar os lucros (e se livrar de eventuais multas e punições) dos detentores do poder econômico. Dentro dessa lógica, os danos à natureza e à democracia causados pela desregulamentação neoliberal são relativizados. No Brasil, o aumento dos incêndios na Floresta Amazônica e os vazamentos de óleos que contaminaram diversas praias brasileiras ligam-se diretamente às medidas do governo Bolsonaro de desestruturação do Ibama, do Ministério do Meio Ambiente e dos serviços de controle e prevenção do Estado.

No Estado Pós-Democrático, a "democracia" subsiste apenas do ponto de vista formal, como um simulacro ou um totem que faz lembrar

CAPÍTULO II - DA "DEMOCRACIA DE BAIXA INTENSIDADE"...

conquistas civilizatórias que já existiram, mas que hoje não passam de lembranças que confortam. Por "Pós-Democrático" entende-se um Estado sem limites rígidos ao exercício do poder, isso em um momento em que o poder econômico e o poder político se aproximam, e quase voltam a se identificar, sem pudor. O ganho democrático que se deu com o Estado moderno, nascido da separação entre o poder político e o poder econômico, desaparece na pós-democracia. Nesse particular, pode-se falar em uma espécie de regressão pré-moderna motivada pela racionalidade neoliberal: tem-se uma espécie de absolutismo de mercado, isso porque o Estado se torna um instrumento a serviço do mercado.

Com razão, Pierre Dardot e Christian Laval apontam que "o neoliberalismo está levando à era pós-democrática". De fato, o "Pós-Democrático" é o Estado compatível com o neoliberalismo, com a transformação de tudo e todos em objetos descartáveis. O neoliberalismo, entendido como um modo de compreender e atuar no mundo, leva a uma nova normatividade (novos mandamentos de conduta), a um novo imaginário (conjunto de imagens e ideias que são feitas das coisas e das pessoas) e a um novo Estado. O Estado Pós-Democrático, para atender ao projeto neoliberal e satisfazer aos interesses dos detentores do poder econômico, necessita atuar em favor do mercado e assumir também a feição de um Estado Penal.

O Estado Pós-Democrático é, portanto, um Estado cada vez mais forte para atender ao Mercado e satisfazer aos fins desejados pelos detentores do poder econômico. Fins que, por exemplo, incluem o controle e/ou eliminação da parcela da população que não interessa ao mercado: os indesejáveis (os pobres e os inimigos políticos do projeto neoliberal) através da agência policial e da agência judicial. O funcionamento "normal" do Estado Pós-Democrático leva ao aumento da violência estrutural, à destruição da natureza e ao caos urbano: todos esses fenômenos percebidos como oportunidades de negócios.

Não há, ao contrário do que sustentam alguns discursos de viés liberal, a diminuição da intervenção estatal na vida da sociedade. Ao contrário, por força do condicionamento gerado pelo modo neoliberal de perceber a realidade e atuar no mundo, o Estado Pós-Democrático revela-se um Estado forte e, possivelmente, o Estado menos sujeito a controle desde a criação do Estado Moderno.

Na pós-democracia, o político torna-se, como desejava Carl Schmitt em 1932, o mero espaço da dicotomia radical "amigo" e "inimigo". O indivíduo se percebe como um empresário-de-si em concorrência permanente com as demais pessoas. Instaura-se uma atmosfera social de desconfiança e competição que, com extrema facilidade, se transforma em um ambiente de guerra contra um inimigo. No Estado Pós-Democrático, a diferenciação exclusivamente política, já que desaparecem as funções que constituíam o "braço esquerdo" do Estado (tais como as políticas inclusivas e de redução da desigualdade), é a que separa os "amigos" e os "inimigos" do mercado. Aos inimigos do mercado, tanto os "pobres" que não interessam aos negócios quanto os adversários políticos do projeto neoliberal, reservam-se a repressão penal, o afastamento de direitos e garantias fundamentais, a exclusão e/ou a morte.

Da mesma maneira que há uma relação necessária entre a democracia e a política, pode-se afirmar que a pós-democracia se alimenta da antipolítica. Se a política se aproxima da estética da tragédia, a antipolítica se assemelha à estética da comédia, da farsa ao ridículo. Basta comparar, por exemplo, os norte-americanos John Fitzgerald Kennedy e Donald Trump, o discurso político de Kennedy e a performance "antipolítica" de Trump.

Em apertada síntese, pode-se afirmar que o capitalismo para sobreviver exigiu em diferentes quadras históricas o Estado Liberal de Direito, o Estado Social de Direito, o Estado Fascista, o Estado Democrático de Direito e, agora, na atual fase do capitalismo sem limites, o Estado Pós-Democrático.

Para tornar-se hegemônico e superar definitivamente o Estado Absolutista, o projeto capitalista, em sua fase inicial, exigiu um Estado regulado por leis, em que prevalecia a ideia de separação entre o Estado e a sociedade civil (a sociedade civil, *locus* da atividade mercantil, espaço vedado para o Estado), no qual a propriedade e a liberdade (entendida como liberdade para adquirir e possuir sem entraves) eram compreendidos

CAPÍTULO II - DA "DEMOCRACIA DE BAIXA INTENSIDADE"...

como os dois principais direitos fundamentais do indivíduo e no qual o significante "liberal" aparecia para frisar a oposição em relação ao princípio monárquico do Estado absolutista.

Com o agravamento da situação econômica de grande parcela da população, o aprofundamento dos conflitos sociais e a ameaça corporificada nas experiências socialistas, somados à perda da confiança no funcionamento concreto da "mão invisível" e das "leis naturais" do mercado, o Estado de Direito Liberal foi gradualmente substituído por um Estado Social de Direito, que nasceu como uma solução de compromisso entre os defensores do *status quo* e os que lutavam por transformações sociais. Têm razão, portanto, os que apontam o efeito "mistificador e ideológico" do Estado Social, que se revelou capaz de frear os ímpetos dos movimentos revolucionários e os protestos das classes não capitalistas. Como afirma Avelãs Nunes,[3] tratou-se da primeira tentativa de substituir a "mão invisível" da economia pela mão invisível do direito. No modelo do Estado Social de Direito, em que se percebe uma certa prevalência do político sobre o econômico, o Estado assume a função de realizar a "justiça social", assegurar o pleno desenvolvimento de cada um e concretizar o projeto de vida digna para todos (princípio da dignidade da pessoa humana).

Porém, em um quadro de crise econômica profunda, no qual a debilidade da economia nos países capitalistas não permitia minimamente a realização das promessas do Estado Social, com os detentores do poder econômico sedentos por aumentar os seus lucros, o projeto capitalista teve que assumir a forma de um Estado Fascista, antidemocrático e antissocialista, que apostava em resposta de força para manter a ordem e resolver os mais variados problemas sociais. O Estado Fascista se apresentava como um Estado de Direito, mas o direito fascista não representava um limite ao arbítrio e à opressão.

Com a derrota política e militar dos Estados Fascistas, o projeto capitalista retoma a aposta em um modelo de Estado marcado pela

---

[3] NUNES, António José Avelãs. *Neoliberalismo e direitos humanos*. Rio de Janeiro: Renovar, 2003.

existência de limites ao exercício do poder, dentre os quais destacam-se os direitos fundamentais. Esses limites teriam, como um de seus principais objetivos, evitar o retorno da barbárie. A aposta, porém, revelou-se equivocada, na medida em que os direitos fundamentais passaram a constituir obstáculos inclusive ao poder econômico. A sede por lucros cada vez maiores esbarrava nos limites democráticos ao exercício do poder econômico. O neoliberalismo torna-se hegemônico nesse contexto e, com ele, instaura-se a pós-democracia. Tem-se, então, uma nova forma de governabilidade das economias e das sociedades baseada na generalização do mercado e na liberdade irrestrita do capital, que se torna hegemônica e leva à superação das regras, princípios e valores democráticos.

O Estado Pós-Democrático assume-se como corporativo e monetarista, com protagonismo dos interesses das grandes corporações (com destaque para as corporações financeiras) na tomada das decisões de governo. Como apontou Vandana Shiva,[4] uma "democracia" das grandes corporações, pelas grandes corporações, para as grandes corporações. A racionalidade neoliberal leva a governos que se põem abertamente a serviço do mercado, da geração de lucro e dos interesses dos detentores do poder econômico, o que faz com que desapareça a perspectiva de reduzir a desigualdade, enquanto que a "liberdade" passa a ser entendida como a liberdade para ampliar as condições de acumulação do capital e a geração de lucros.

Na pós-democracia, a liberdade intocável é apenas a que garante a propriedade privada, o recurso às "próteses de pensamento" capazes de substituir cidadãos por consumidores acríticos (televisores, smartphones etc.), a acumulação de bens, os interesses das grandes corporações e a circulação do capital financeiro.

Em resumo: na pós-democracia o significante "democracia" não desaparece, mas perde seu conteúdo. A democracia persiste como uma farsa, uma desculpa para o arbítrio, como uma senha que autoriza o afastamento de direitos. Em nome da "democracia", na pós-democracia

---

[4] SHIVA, Vandana. *1%: reprendre le pouvoir face à la toute-puissance des riches*. Paris: Editions Rue de l'échiquier, 2019.

CAPÍTULO II - DA "DEMOCRACIA DE BAIXA INTENSIDADE"...

rompe-se com os princípios democráticos. A democracia torna-se vazia de significado, o que guarda relação com o "vazio do pensamento" inerente aos modelos em que o autoritarismo acaba naturalizado.

O Estado Pós-Democrático é a forma estatal de um "capitalismo mais puro" (Mandel), sem direitos democráticos e nem resistência, próprio de uma época em que as forças empresariais e financeiras, maiores e mais agressivas do que em qualquer outro momento da história, normatizaram seu poder político em todas as frentes possíveis, tanto em razão da crença no uso da força que se materializa a partir do poder econômico quanto da ausência de reflexão, que permite a dominação a partir de mensagens passadas pelos meios de comunicação de massa, pela "indústria das relações públicas", pelos intelectuais orgânicos a serviço do capitalismo e por outras instâncias que fabricam as ilusões necessárias para que o neoliberalismo e o Estado Pós-Democrático pareçam desejáveis, racionais e necessários.

Outra característica marcante do Estado Pós-Democrático é o esvaziamento da democracia participativa, que se faz tanto pela demonização da política e do "comum" quanto pelo investimento na crença de que não há alternativa para o *status quo*. Mas, esse "esvaziamento" não se dá apenas com a construção de uma subjetividade avessa à política.

Na pós-democracia, as eleições são uma fraude, um jogo de cartas marcadas, no qual os detentores do poder econômico não só "compram" representantes (doações eleitorais que significam verdadeiros investimentos) como ainda guardam um trunfo para situações excepcionais, tais como, por exemplo, um resultado indesejado no processo eleitoral: a derrubada de governos legitimamente eleitos. Isso se deu, por exemplo, no Chile em 1973, laboratório das políticas neoliberais, em que se produziu a desestabilização e derrubada do governo eleito em nome da estabilidade (leia-se: o atendimento dos interesses dos detentores do poder econômico, em especial das grandes empresas estrangeiras).

Na pós-democracia, portanto, não há efetiva participação popular na tomada das decisões políticas, isso diante do risco sempre presente de que a vontade popular não atenda aos interesses dos detentores do poder econômico. Aliás, a participação popular na tomada de decisões torna-se acidental, como demonstram os processos políticos que levaram à queda de Fernando Lugo no Paraguai (2012), Dilma Rousseff no Brasil (2016) e Evo Morales na Bolívia (2020).

A própria soberania popular e o consentimento dos governados revelam-se embustes, fenômenos fabricados e artificiais, na medida em que o cidadão/eleitor não dispõe de informações de qualidade para decidir em quem votar e ainda acaba submetido a mecanismos que produzem o direcionamento do voto a partir do "controle da opinião pública", tais como as milionárias campanhas de marketing político e o "jornalismo" partidário e corporativo, sem compromisso com a verdade.

Mas, não é só. Também desaparece qualquer esforço dos agentes estatais no sentido da concretização dos direitos e garantias fundamentais. A "dimensão material da democracia" deixa de ser uma preocupação do Estado, em especial porque o respeito aos direitos e garantias fundamentais, o que exigiria inações e ações do Estado nas mais diferentes áreas (trabalho, meio ambiente, educação etc.) costuma se chocar com os interesses materiais dos detentores do poder econômico.

Com o esvaziamento da democracia participativa e o abandono do projeto de concretização dos direitos fundamentais, que eram típicos do Estado Democrático de Direito, coroa-se o "processo de desdemocratização", no qual a substância da democracia desaparece, sem que se declare formalmente a sua extinção. Essa casca, esse verniz democrático, persiste, apenas por ser funcional ao projeto político que levou à superação do Estado Democrático de Direito. Na "pós-democracia" o que resta da "democracia" é um significante vazio que serve de álibi às ações necessárias à repressão das pessoas indesejadas, ao aumento dos lucros e à acumulação ilimitada de capital.

A pós-democracia une os dois otimismos imbecilizantes que serviram à domesticação das populações tanto do campo capitalista, capitaneado pelos Estados Unidos da América (EUA), quanto do campo do chamado "socialismo real", protagonizado pela antiga União das Repúblicas Socialistas Soviéticas (URSS). O otimismo da "ideologia do

CAPÍTULO II - DA "DEMOCRACIA DE BAIXA INTENSIDADE"...

êxito", em especial na sua versão que prega a "meritocracia" (que poderia ser resumida na ideia-chave "fique tranquilo, se você fizer por merecer, alcançará o êxito e teus sonhos) e o otimismo da "ideologia do Estado total" (que se encontra na ideia-chave "fique tranquilo que o Estado, justamente por ser Total, sabe o que é melhor para você e, mesmo que para isso seja necessários restringir os teus direitos e teus sonhos, buscará o teu bem"). Esse otimismo "qualificado", que mistura o pior que há nas ideologias que sustentaram a guerra-fria, é o que está a justificar que o mesmo Estado se apresente omisso na redução da desigualdade em meio ao jogo predatório econômico e agigante-se no controle social, em especial na repressão, sempre seletiva e politicamente direcionada, da população.

Ainda no ambiente da pós-democracia e em razão da racionalidade neoliberal, pode-se afirmar que toda prática humana passa a ser regida pela lógica da mercadoria e todos os valores tornam-se relativizáveis. Dá-se uma mutação simbólica através da qual todos os valores perdem importância e passam a ser tratados como objetos negociáveis, portanto disponíveis para uso e gozo seletivo, em um grande mercado que se apresenta como uma democracia de fachada. Cria-se a imagem da democracia como um grande "mercado de ideias". Se o liberalismo clássico buscou legitimidade através do discurso que pregava a necessidade de limitar o poder dos reis, o neoliberalismo aponta para a necessidade de acabar com todos os limites ao exercício do poder econômico.

Com a ascensão da racionalidade neoliberal e o estabelecimento do Estado Pós-Democrático, o mercado, sempre importante na sociedade capitalista, foi elevado à principal regulador do mundo-da-vida. O mercado tornou-se o eixo orientador de todas as ações, inclusive as mais íntimas. Os bens, as pessoas, os princípios e as regras passaram a ser valorizados apenas enquanto mercadorias, isto é, passaram a receber o tratamento conferido às mercadorias a partir de seu valor de uso e de troca. Deu-se a máxima desumanização inerente à lógica do capital, que se fundamenta na competição, no individualismo e na busca por lucro sem limites.

No discurso neoliberal (e, portanto, no Estado Pós-Democrático), o problema da liberdade se coloca e se resolve através do mercado, no reino da economia. Para Friedman, por exemplo, só existem dois modos de organização social (e coordenação das atividades econômicas): o mercado e o Estado. O mercado, entendido como a forma não coercitiva de organização social baseada em transações bilaterais e voluntárias, que se dão entre pessoas igualmente informadas e incapazes de controlar os preços dos bens e serviços envolvidos, seria o "berço da liberdade", enquanto o Estado seria tendencialmente autoritário, com potencial de sufocar as liberdades individuais, o "berço da opressão".

Porém, para além do mercado idealizado das teorias de Friedman, Hayek, Mises, Eucken, dentre outros, existe o mercado real, aquele que realmente condiciona o mundo-da-vida nas sociedades capitalistas. Nesse "mercado" existem várias formas de coerção e os negócios se dão em detrimento da dignidade humana. O mercado real revela-se baseado em transações nem sempre voluntárias envolvendo pessoas desinformadas e desiguais, algumas capazes de manipular o sistema de preços (que funcionaria, na teorização liberal, como o nervo cibernético do mercado, com a função, no plano ideal, de impedir injustiças, incentivar empresários e trabalhadores, dispersar o poder econômico etc.), incapaz de impedir a concentração do poder econômico.

No mercado real, o que importa é aumentar o lucro, mesmo que para isso seja necessário apoiar ditadores ou políticas genocidas. Assim, ao invés da propalada dinâmica libertária, o neoliberalismo levou a mais uma espécie de despotismo, uma ditadura do mercado, em que se dá a imposição coercitiva – e o Sistema de Justiça Criminal serve a essa coerção – das leis de mercado. Se na vida econômica pós-democrática há o reforço de tendências à desigualdade (e certas diferenças são autorizadas e cultivadas em razão do seu potencial mercadológico) e ao desequilíbrio, no campo das liberdades públicas, as inviolabilidades tornam-se também cada vez mais seletivas.

Fora do ambiente Pós-Democrático, o fenômeno Bolsonaro seria impossível.

Capítulo III
O PONTO ZERO: A CRIAÇÃO DO MONSTRO BEHEMOTH

Ao analisar o período compreendido entre os anos de 1933 e 1944, Franz Neumann[5] acabou por comparar o Terceiro Reich ao monstro Behemoth, figura da mitologia judaica, presente também nos escritos de Thomas Hobbes: um ser monstruoso, caótico, sem limites e amorfo. Em linhas gerais, a tese defendida por Neumann era a de que o regime de Hitler expressava uma ideologia consistente, mas não possuía uma estrutura coerente. Isso porque os diferentes grupos de poder (o partido nazista, os agentes conservadores entranhados nos poderes do Estado, as forças armadas e as grandes corporações econômicas), que unidos permitiram a ascensão nazista, apresentavam fortes contradições, em especial diante do fato de que cada um desses grupos de poder não deixou de conspirar contra os demais em favor de seus próprios interesses – já que pretendiam crescer sem ceder espaço, poder ou *status*.

Como o leitor pode perceber, nada muito diferente da estrutura e das práticas observadas no Estado brasileiro desde a queda do governo Dilma Rousseff em 2016. A ruptura com as "regras do jogo democrático",

---

[5] NEUMANN, Franz. *Behemoth:* The structure and practice of national socialism. Chicago: Ivan R. Dee, 2009.

necessária para obter êxito em um processo de *impeachment* sem a existência de um "crime de responsabilidade" (golpe, portanto), pode ser apontado como o ponto zero da ascensão do bolsonarismo. A eleição de Jair Bolsonaro pode ser apontada como o resultado do "monstro" criado para derrubar, fora dos marcos constitucionais, uma presidente eleita democraticamente.

Se em Portugal criou-se uma "geringonça de esquerda", uma reunião inédita de forças progressistas até então em conflito dentro do mesmo campo – e que alcançou sucesso econômico na contramão das políticas de austeridade em voga na maioria da Europa –, no Brasil surgiu uma união grotesca, caótica e tendencialmente sem limites: um "monstro de direita", com as características do Behemoth identificado por Neumann. Condicionados por valores neoliberais e conservadores, diversos agentes, com diferentes ideologias e interesses, fizeram um arranjo político ("um grande acordo nacional, com o Supremo e com tudo", como afirmou o Senador Romero Jucá em uma conversa particular que veio à público) para encerrar o governo de Dilma Rousseff.

Como em todo movimento que busca a destruição política dos adversários e a dominação econômica de um país, para alcançar o objetivo visado foi necessário produzir uma nova realidade, uma nova trama envolvendo o simbólico e o imaginário, com a introdução de novas ideias e de novos valores que serviram para legitimar e justificar a substituição de um governo e de um projeto político por outro.

Os governos protagonizados pelo Partido dos Trabalhadores, entre muitos erros e acertos, haviam conseguido implementar políticas publicas que levaram à redução da desigualdade no Brasil. Durante esse período, deu-se também um raro distanciamento entre o poder político e o poder econômico, em que pese a política de conciliação posta em prática principalmente durante o governo do ex-presidente Lula da Silva. O sucesso popular do governo do Partido dos Trabalhadores pode ser demonstrado pelo fato de o ex-presidente Lula da Silva ter chegado ao final de seu mandato com a aprovação de 83% dos brasileiros, segundo pesquisa realizada pelo IBOPE. Não por acaso, o Partido dos Trabalhadores venceu quatro eleições presidenciais seguidas.

CAPÍTULO III - O PONTO ZERO: A CRIAÇÃO DO MONSTRO...

Entretanto, na história do Brasil, sempre que o poder político deixou de ser exercido a serviço exclusivo dos titulares do poder econômico, ocorreram golpes de Estado, alguns explícitos, outros disfarçados, mediante o recurso a formas jurídicas. Isso aconteceu com o imperador Pedro II, com Getúlio Vargas, com João Goulart e com Dilma Rousseff.

Vale lembrar, ainda, das tentativas de desestabilização promovidas durante o governo de Luiz Inácio Lula da Silva (2003/2011) por diversos atores sociais, com destaque para os meios de comunicação de massa e o Poder Judiciário que, através de um processo judicial atípico[6] que ficou conhecido como "Mensalão", acabou levando à prisão diversos dirigentes do Partido dos Trabalhadores.

Como a exceção que confirma a regra, Lula da Silva não chegou a sofrer um golpe de Estado. Essa exceção se explica, em parte, não só pela rara empatia e habilidade política do ex-presidente, como também pelo fato de que durante os seus governos as commodities brasileiras viviam um momento extraordinário, o que permitiu que a realização de políticas públicas de redução da desigualdade não representassem a diminuição do lucro dos detentores do poder econômico, em especial dos rentistas. Todavia, Dilma Rousseff não teve a mesma sorte, apesar das concessões (como a indicação do banqueiro Joaquim Levy para o Ministério da Fazenda) que fez.

O processo de *impeachment* de Dilma Rousseff foi a forma encontrada para disfarçar o golpe contra um projeto político que não mais interessava aos detentores do poder econômico. Olhar o histórico dos protagonistas do Golpe de 2016, permite apostar na hipótese de que a motivação para a queda do governo do Partido dos Trabalhadores não estava ligada aos muitos erros do governo (embora, esses erros tenham facilitado a queda) ou ao afirmado "combate contra a corrupção", mas aos seus acertos no campo social e à opção política feita por Dilma

---

[6] Diz-se "atípico" porque nesse processo, para alcançar a condenação do ex-chefe da Casa Civil do governo Lula da Silva, foi necessário relativizar direitos e garantias fundamentais, bem como mudar interpretações sedimentadas do Poder Judiciário e posições jurisprudenciais do próprio Supremo Tribunal Federal.

Rousseff por medidas que levariam à redução do lucro dos detentores do poder econômico, em favor da manutenção dos programas sociais do governo.

Do ponto de vista jurídico, o processo de *impeachment* contra Dilma Rousseff revelava várias atipicidades e uma ilegalidade incontornável: a ausência de um crime de responsabilidade praticado pela então presidente. Segundo a Constituição da República brasileira, o processo de impeachment só é legítimo se o presidente tiver cometido um crime de responsabilidade tipificado na lei brasileira. No caso da ex-presidente Dilma Rousseff, os fatos imputados à presidenta no procedimento sequer eram "crimes de responsabilidade" segundo a legislação brasileira. Não por acaso, o julgamento transformou-se em um espetáculo farsesco com cenas grotescas como as ocorridas no dia do "juízo de admissibilidade" do pedido de impedimento na Câmara dos Deputados. Na ocasião, destacou-se o então deputado federal Jair Bolsonaro ao homenagear, durante o seu voto, o militar e torturador Carlos Alberto Brilhante Ustra, que, segundo disse na ocasião, seria "o terror de Dilma Rousseff". Frise-se que Dilma Rousseff havia sido vítima de tortura durante o regime militar brasileiro.

Para atender ao objetivo de derrubar o governo do Partido dos Trabalhadores, rompeu-se o compromisso com a racionalidade e a verdade. No lugar de explorar politicamente os erros, contradições e omissões do governo, a oposição preferiu apostar na desconstrução da imagem da presidente Dilma Rousseff a partir do reforço de preconceitos e de tendências autoritárias presentes na sociedade brasileira. Mentiras, preconceitos (com destaque para a misoginia) e outras ações irracionais pontuaram as manifestações contra a ex-presidente e moldaram a rejeição ao seu governo. Limites jurídicos, éticos e civilizatórios foram violados.

Todavia, o compromisso com a racionalidade é um dos principais requisitos para o bom funcionamento da chamada "esfera pública". Os debates e as exposições de ideias, mesmo que divergentes, só são possíveis a partir de fundamentos racionais e de um compromisso com a verdade. Para alcançar o objetivo de tomar o poder político, conseguindo o apoio de parcela da população (mesmo entre aqueles que foram favorecidos

CAPÍTULO III - O PONTO ZERO: A CRIAÇÃO DO MONSTRO...

com as políticas públicas do governo do Partido dos Trabalhadores), abriu-se espaço para que a mentira, a ignorância e a reprodução dos mais diversos preconceitos na esfera pública.

Com Silvio Almeida,[7] pode-se afirmar que a invasão da mentira, do preconceito e da ignorância na esfera pública apenas serviram para atiçar uma horda de bárbaros que passou a se sentir representada no "mercado de ideias". Perdeu-se a vergonha de ser ignorante. Normalizou-se a "burrice", no sentido da recusa do conhecimento. Para alcançar um objetivo político, que se mostrava cada vez mais difícil nas urnas, setores da sociedade brasileira promoveram a validação do grotesco e do ridículo, em um processo que começou muito antes do início do procedimento de impeachment.

Contra um governo eleito democraticamente, foram criadas versões fantasiosas, que passaram a ser percebidas por parcela da população como verdadeiras. Políticos do Partido dos Trabalhadores e de outras organizações de "esquerda" eram apontados como ameaças aos "valores da família", enquanto as tímidas políticas públicas de redução da desigualdade eram representadas como riscos às liberdades e à propriedade dos brasileiros. Investiu-se na mistificação. Reavivou-se o medo do comunismo.

Para desconstruir a imagem de Dilma Rousseff recorreu-se ao método autoritário de reescrever a história para colocar em dúvida a existência da ditadura militar instaurada em 1964 no Brasil. Dilma Rousseff, que havia sido presa e torturada na juventude por participar da luta armada contra uma ditadura, foi descrita para uma parcela da sociedade como uma terrorista que defendia interesses contrários aos da pátria. Enquanto isso, a defesa pública tanto de torturadores quanto da tortura como método tornou-se cada vez mais frequente na arena pública, nos programas de rádio e de televisão.

Nos meses que antecederam o golpe contra Dilma Rousseff, Jair Bolsonaro passou a ganhar cada vez mais espaço na mídia brasileira apresentando-se como a antítese de Dilma: o militar de direita que se

---

[7] ALMEIDA, Silvio. *Racismo estrutural*. São Paulo: Polém, 2019.

opunha à ex-guerrilheira. Jair Bolsonaro, com suas manifestações polêmicas e ataques ao governo, passou a ser uma figura frequente nos principais jornais, revistas e canais de televisão brasileiros. Até então, Jair Bolsonaro era um político de perfil caricato que frequentava programas de variedade de qualidade duvidosa na televisão brasileira (ao lado de exorcistas, reencarnações de Cristo, mulheres-barbadas, donos de prostíbulos etc.), com um eleitorado significativo, mas restrito aos simpatizantes do regime militar e do uso da força como resposta para todos os problemas brasileiros.

Em apertada síntese: contra o projeto político do Partido dos Trabalhadores, deu-se uma união inusitada de forças políticas reacionárias, conservadoras, liberais e neoliberais. Para romper com o projeto político que, com todas as suas contradições, havia sido vitorioso nas urnas, uniram-se partidos políticos neoliberais (DEM, PSDB etc.), políticos conservadores, lideranças religiosas neopentecostais, amplos setores do Sistema de Justiça, empresas de comunicação de massa, militares, corporações internacionais, ideólogos da extrema-direita norte-americana e grupos econômicos interessados na redução tanto das garantias trabalhistas quanto dos gastos do governo com políticas sociais.

O Behemonth brasileiro, logo, ganhou o apoio de parcela significativa da classe média incomodada com a perda de privilégios econômicos e culturais, de intelectuais que se sentiram desprezados durante o governo petista, do "rebanho neopentecostal" orientado por pastores ligados a projetos político-partidários e, principalmente, de pessoas brancas das classes populares (segmento que costuma ser designado pejorativamente de *White Trash*) que acreditavam estar perdendo, em razão das políticas afirmativas adotadas pelos governos do Partido dos Trabalhadores, o privilégio que o racismo brasileiro lhes assegurava.

Essa união inédita entre grupos econômicos, corporações, indivíduos, ódios e ressentimentos populares foi construída a partir de uma linguagem empobrecida e de uma visão simplificada do mundo. A "simplificação" do mundo, aliás, é uma característica da racionalidade neoliberal, esse modo de ver e atuar no mundo que trata tudo e todos como objetos negociáveis/descartáveis. É o desejo por visões simplificadas

CAPÍTULO III - O PONTO ZERO: A CRIAÇÃO DO MONSTRO...

da realidade que explica, em certo sentido, o fortalecimento sob a égide neoliberal de fundamentalismos religiosos e de projetos políticos reacionários, nos quais se buscam a segurança ("simples" e "transparente") de um Deus, que tudo ordena e simplifica, ou de um passado mítico, idealizado, transparente e sem dificuldades.

No campo da religião, também não é obra do acaso que a "teologia da prosperidade" e a "teologia do domínio" ("Batalha Espiritual") ganhem cada vez mais espaço durante a hegemonia da racionalidade neoliberal e representem um dos principais elementos de unificação do "bolsonarismo" entre as camadas mais pobres da população. A "teologia da prosperidade" faz da religião e da igreja um mercado. Isso se dá através de uma "simplificação" da relação de Deus com os humanos, reduzindo-a a um contrato ("se os indivíduos tiverem fé em Deus, este irá fornecer a contraprestação de segurança e prosperidade"). A "teologia do domínio" (*Dominion Theology*), por sua vez, é construída à imagem e semelhança da "concorrência", o que faz com que o mundo acabe transformado em um "campo de batalha" no qual se desenvolve uma luta maniqueísta do "bem" contra o "mal": de um lado, os "verdadeiros" cristãos e, do outro, os demônios e os seres humanos que acabaram dominados pela força demoníaca. Jair Bolsonaro, um "cristão" que defende a tortura, foi apresentado por lideranças religiosas como um soldado (um mal necessário) da luta do bem contra o mal. A redução de tudo, inclusive da desigualdade, da injustiça e da violência a efeitos da ação demoníaca é uma forma de "simplificar" e tornar "transparente" a crença de que o Diabo se esconde por trás de outras religiões, do intelectualismo, da poesia, das ciências e das artes, para citar alguns exemplos.

Também é a norma neoliberal que enuncia o dever de simplicidade que permite versões simplificadas, e mesmo falsas, da história, das notícias, das ciências etc. A semelhança entre "simplificação da realidade" e "demonização da complexidade", de um lado, e a divulgação de "fatos alternativos", do outro, ajuda a explicar a naturalização com que são aceitas notícias falsas (*fake news*), ciência falsa (negacionistas das mudanças climáticas e *anti-vaxxers*), história falsa (negacionismo do holocausto e das torturas nas ditaduras militares latino-americanas) etc. A verdade reduzida a uma "versão simplificada" torna-se algo diferente da "verdade".

A história é suprimida ou reescrita de forma "simplificada e transparente", de acordo com os interesses dos detentores do poder econômico.

Ao lado do rebanho neopentecostal, as corporações policiais e militares apareceram como as principais responsáveis pela adesão popular tanto ao movimento contra o governo do Partido dos Trabalhadores quanto ao bolsonarismo. Entre militares, policiais e seus familiares prevalece um leitura da história ideologicamente enviesada, que percebia o golpe de estado de 1964 e a violência dirigida aos opositores do regime militar como ações necessárias contra a ameaça comunista aos valores cristãos e à família brasileira, que acabou legitimada não só pela "continuidade institucional e valorativa das policias" (Luiz Eduardo Soares) como também pela "transição democrática" sem a necessária ruptura com o passado autoritário. Para esse grupo de pessoas, o futuro tem que ser construído à imagem e semelhança dessa visão distorcida de passado, na qual os direitos fundamentais são percebidos como obstáculos à eficiência do Estado e o recurso tendencialmente ilimitado à força é o único meio conhecido para o exercício do poder.

Todavia, essa reunião de forças e perspectivas tão díspares não conseguiu apresentar uma estrutura estável, um projeto político coerente ou parir um nome de consenso para concorrer nas eleições presidenciais de 2018. Interesses econômicos, ódio de classe, obscurantismo cultural e outros fatores que sedimentaram a queda de Dilma Rousseff, não se mostravam suficientes para assegurar estabilidade e apoio popular ao Governo Michel Temer. Uma vez derrotado o inimigo comum, cada um desses grupos de interesses que compunham o Behemonth brasileiro não deixou de conspirar contra os demais em favor de seus próprios interesses – já que todos pretendiam crescer sem ceder espaço, poder ou *status*.

Importante lembrar que as ações políticas postas em prática pelo governo do Partido dos Trabalhadores nada tinham de revolucionárias, tanto que medidas voltadas à redução da desigualdade e ao respeito da diversidade conviveram com práticas conservadoras e de conciliação de classe, bem como com ações tipicamente neoliberais e até conservadoras, tais como a nomeação de ministros nos tribunais superiores ligados ao establishment conservador; o recrudescimento da legislação penal; e,

CAPÍTULO III - O PONTO ZERO: A CRIAÇÃO DO MONSTRO...

em especial, o pacto com as instituições bancárias que continuaram a condicionar não só as diretrizes do Banco Central como as metas de inflação e as taxas de juros (pacto que se manteve e não impediu avanços sociais nas brechas da estrutura do poder econômico, enquanto durou o *boom* das commodities).

Com a queda do governo do Partido dos Trabalhadores intensificou-se a reaproximação entre o poder político e o poder econômico, bem como o aprofundamento da relativização dos direitos e garantias fundamentais (a precarização do trabalho é apenas um dos exemplos) e o desmantelamento da rede de proteção trabalhista. Também foi perceptível o aumento da manipulação da informação pelos meios de comunicação de massa tradicionais, o crescimento da divulgação de notícias falsas (*fake news*) e a demonização dos inimigos políticos.

Ainda durante o governo Temer deu-se a destruição de determinados setores da economia nacional e a correlata "invasão" de corporações internacionais em setores antes dominados por empresas brasileiras; o crescimento do lucro dos bancos, mesmo em um período de forte crise econômica; a destruição dos instrumentos para uma política econômica soberana; o redirecionamento da distribuição de isenções tributárias para grandes empresas; o congelamento dos gastos sociais e a transferência para empresas privadas do patrimônio público.

Diante da ausência de uma estrutura coerente ou de um projeto comum entre os vários autores intelectuais do golpe de 2016, bem como dos interesses antagônicos e das contradições que envolviam os grupos de interesse que promoveram a ruptura democrática em 2016, ficou inviabilizada a manutenção do Behemonth brasileiro. Isso levou à potencialização das disputas, a partir de cálculos de interesse, entre os antigos aliados.

A briga por poder e status entre os antigos aliados não acabou e, em certo sentido, foi potencializada com a vitória de Jair Bolsonaro. Vários dos protagonistas do golpe de 2016 não imaginavam a possibilidade de vitória de Bolsonaro na eleição presidencial de 2018. Bolsonaro só se tornou a opção eleitoral dos detentores do poder econômico quando ficou evidente que seria o candidato que disputaria a presidência com um candidato da esquerda.

Os interesses antagônicos no interior do Behemoth brasileiro eram muitos e são evidentes. Como conciliar interesses nacionalistas de parcela das Forças Armadas (que foram chamadas para conter os "indesejáveis" às lentes dos ideólogos neoliberais) com os desejos das grandes corporações internacionais? Como frear a onda conservadora e os discursos de ódio que não mais interessam à parcela "civilizada" dos meios de comunicação de massa? Como compatibilizar os interesses dos empresários produtivos com os da burguesia bancária? Como reduzir a carga de impostos, se há a necessidade de um Estado forte tanto para conter os pobres e os inimigos políticos do projeto de acumulação ilimitada neoliberal quanto para resgatar as instituições bancárias das crises que elas mesmas geram ao emprestar dinheiro que não possuem e que sabem (ou deveriam saber) que não poderá ser devolvido?

Na eleição de 2018, a aliança pragmática de 2016, que havia alcançado sucesso para derrubar o governo democraticamente eleito, não mais existia. Todavia, os candidatos ligados aos grupos neoliberais e aos intelectuais ressentidos com o governo petista não se mostraram viáveis. No mundo real, haviam apenas dois candidatos: Luiz Inácio Lula da Silva, capitalizado por um governo que reduziu a desigualdade e melhorou a vida de ampla parcela da sociedade, e o "capitão" (reformado como tenente) Jair Bolsonaro, cujo capital político cresceu a partir da defesa de posições que iam ao encontro da tradição autoritária em que os brasileiros estavam lançados (recurso à violência para resolver os problemas sociais, anti-intelectualismo etc.).

Com a impossibilidade da candidatura de Luiz Inácio Lula da Silva, depois de um processo criminal conduzido pelo futuro Ministro da Justiça do governo Bolsonaro, Jair Bolsonaro disputou o segundo turno da eleição presidencial com Fernando Haddad, candidato do Partido dos Trabalhadores, sagrando-se presidente da República.

Capítulo IV
O COMBATE À CORRUPÇÃO

A crise da democracia representativa se faz sentir em todo o mundo, em especial diante da aproximação antidemocrática e neoliberal entre o poder político e o poder econômico. Contudo, em países como o Brasil e a Itália, que podem ser vistos como uma espécie de laboratório de novas técnicas de controle dos indesejáveis, as agências do Sistema de Justiça exerceram um papel determinante para transformar a crise da representação em uma crise dos próprios valores, princípios e regras democráticos. Muitos atores do Sistema Judicial passaram a atuar no sentido de criminalizar a política, com um discurso de justificação recheado de "boas intenções" e "moralismos", ao mesmo tempo em que prometiam resolver os problemas gerados pelas distorções da democracia representativa. Um engano com consequências desastrosas à concepção de vida democrática.

Em contextos como esse de crise, surgem as condições para as perseguições políticas através do uso pervertido do direito. E o significante "corrupção" aparece, então, com um elemento mistificador que faz com que tudo, inclusive as ilegalidades, pareça justificado aos olhos da população que desconhece os objetivos políticos e ideológicos por de trás dos processos de persecução penal.

Corrupção, por definição, é a violação dos padrões normativos de um determinado sistema. Há muitos casos de corrupção para além da corrupção econômica. Não raro, com a "boa intenção" de "combater a corrupção" do sistema político, atores jurídicos (juízes, promotores etc.) acabaram por corromper o Sistema de Justiça e mesmo as bases democráticas. A corrupção tornou-se uma espécie de significante vazio que instaura um "vale tudo" nas instituições e na sociedade.

Esses atores jurídicos que assumiram o protagonismo do "combate à corrupção", apesar de se apresentarem como "salvadores da pátria", ignoram (ou fingem ignorar) que os mecanismos tradicionais de controle e apuração da corrupção não dão mais conta de identificar e reagir aos episódios de corrupção. Na realidade, a corrupção nas últimas décadas passou a ter um novo funcionamento e uma nova lógica em consequência da aproximação entre o poder político e o poder econômico que leva à "transformação" do interesse privado dos detentores do poder econômico em interesse público.

Com a mudança da relação entre a esfera pública e a privada, que se dá no momento em que o poder político volta a se identificar com o poder econômico (pense-se em figuras como Donald Trump, Silvio Berlusconi ou João Dória), ocorre uma mutação no paradigma da corrupção real. Isso porque desaparece o conflito de interesses entre os projetos do poder político e os interesses privados. Desaparece a mediação que existia entre corruptor, corrompido e o objeto da corrupção: o corruptor realiza diretamente o ato corrompido. Não há mais uma relação oculta voltada a produzir efeitos econômicos a partir do poder político; os interesses privados passam a ser tratados, sem qualquer disfarce, como "interesses públicos".

Em apertada síntese, atualmente, os verdadeiros corruptos estão protegidos das ações dos atores jurídicos e o discurso de "combate à corrupção" voltou-se para episódios banais ou, o que é pior, para a manipulação política da população.

Diante da nova configuração e dinâmica da corrupção no Estado, o discurso de "combate à corrupção" e as ações a ele correlatas passam a ser apenas tentativas de moralização do campo do imaginário relacionado à atividade estatal, sem a preocupação com a corrupção produzida

CAPÍTULO IV - O COMBATE À CORRUPÇÃO

pelo mercado e ineficaz em relação à corrupção real. Em outras palavras, ao lado da ineficácia de se pretender combater a verdadeira corrupção através do Sistema de Justiça Criminal, existe a funcionalidade real da utilização do significante "corrupção" no intuito de autorizar o afastamento de direitos e garantias previstos na legislação brasileira.

Se a sensação de corrupção aumenta no Estado diante da colonização da democracia representativa pela economia, cresce também o apelo popular por medidas que eliminem a corrupção. É esse apelo popular que acaba manipulado para permitir o afastamento dos limites éticos e jurídicos ao exercício do poder penal.

Ao longo da história, em diversos países, o discurso de "combate à corrupção" sempre foi utilizado contra os inimigos políticos dos detentores do poder econômico. Nas ocasiões em que não houve uma plena identificação entre poder político e poder econômico, as elites econômicas, amparadas por seus meios de comunicação de massa, recorreram ao significante "corrupção" a fim de enfraquecer adversários, pautar governos ou criar condições para golpes de Estado, brandos/disfarçados ou severos/explícitos. O falso (e seletivo) combate à corrupção, como percebeu o cientista social Jessé de Souza, surge no Brasil "como o 'testa de ferro universal' de todos os interesses inconfessáveis que não podem se assumir enquanto tais".[8]

Atualmente, esse processo de utilização política do significante "corrupção", sempre atribuída ao outro, torna-se ainda mais fácil. Isso se dá através da transformação do "combate à corrupção" em mercadoria, um "bem" que não apresenta contornos rígidos, é maleável e seletiva, mas que acaba vendida como de interesse de todos e utilizável contra todos os indesejáveis. A mercadoria "combate à corrupção" tem consumidores cativos, um público formatado para aplaudir qualquer ato que se afirma "contra a corrupção", mesmo que ineficaz ou draconiano. O "combate à corrupção" vendido à população, sempre ao gosto dos proprietários dos meios de comunicação de massa, não atinge as elites

---

[8] Nesse sentido: SOUZA, Jessé. *A classe média no espelho*. Rio de Janeiro: Estação Brasil, 2018.

econômicas e nem seus privilégios, mas permite ações, nem sempre legítimas, contra os indesejáveis, inclusive os adversários políticos dos detentores do poder econômico e das agências do Sistema de Justiça.

Esse "combate" conta com os ingredientes que permitem transformar processos judiciais em espetáculos,[9] políticos amados em odiados, inquisidores em heróis, uma vez que essa mercadoria possibilita todo tipo de distorção e manipulação afetiva do público, em especial daqueles que abandonaram qualquer reflexão e se eximem da faculdade de julgar em razão das informações, em regra parciais, por vezes deliberadamente equivocadas, que recebem dos conglomerados empresariais que produzem "jornalismo".

O discurso de combate à corrupção foi um dos elementos que marcaram a eleição de Jair Bolsonaro. Não que os episódios de corrupção tenham deixado de existir durante os governos do Partido dos Trabalhadores. Eles existiram e continuaram existindo após o golpe. Mas, a corrupção nunca foi o motivo para derrubar o governo de Dilma Rousseff. Jair Bolsonaro, por exemplo, apesar de se apresentar ao eleitorado como um político honesto, foi filiado a diversos partidos políticos que ficaram marcados por escândalos (comprovados) de corrupção.

---

[9] CASARA, Rubens. *Processo Penal do Espetáculo*. Rio de Janeiro: Tirant Lo Blanch, 2017.

Capítulo V
PROPAGANDA BOLSONARISTA

Foi no ambiente neoliberal que surgiu a ideia de que o indivíduo dever ser tratado como um ser "integralmente econômico", ou seja, um ente capaz de fazer escolhas supostamente racionais a partir de critérios econômicos em todas as áreas de sua vida, tais como o trabalho, a família, a educação, os relacionamentos intersubjetivos, as drogas e o crime. Fala-se, então, em uma subjetivação neoliberal que fez do indivíduo uma empresa, um ente "moral" e racional, despido de pulsões ou desejos para além do enriquecimento.

É importante frisar que a racionalidade neoliberal não leva ao fim da normalização ou das técnicas disciplinares, mas a novas modalidades de normalização a novas visões de mundo, que não necessariamente excluem as demais, e que se caracterizam por operar a partir da produção de estímulos comportamentais através do meio. Para tanto, são desenvolvidos mecanismos de adaptação e de reação às variáveis do mercado, em especial técnicas comportamentais, de propaganda, de controle, de incitação, de estimulação etc. Esses mecanismos e dispositivos podem incluir desde práticas reiteradas a propagandas subliminares, desde "jogo de incitação e desincitação" às novas tecnologias produzidas a partir das neurociências.

Todo um instrumental destinado a moldar comportamentos e a produzir novas normas, que devem ser interiorizadas pelos indivíduos, foi gestado a partir da visão de mundo neoliberal e colocado a serviço do mercado e utilizado tanto para demonizar os adversários do neoliberalismo quanto para ajudar os políticos favoráveis a ele. Essas novas técnicas e tecnologias foram utilizadas na construção do fenômeno Bolsonaro.

Bolsonaro faz parte de um rol de políticos fabricados a partir de técnicas de propaganda direcionadas aos objetivos tradicionalmente vinculados à extrema-direita e aos interesses dos "super-ricos". Esse "movimento", que envolve milionários, grupos econômicos, jornalistas e agitadores de extrema-direita, tem como um dos seus protagonistas Stephen Bannon ("Steve" Bannon), antigo diretor executivo da campanha presidencial de Donald Trump e que também chegou a ser conselheiro estratégico da presidência norte-americana. Bannon aparece, ainda, ligado a partidos políticos da direita radical e a personagens conservadores na Europa, na Ásia e na América Latina, como Tayyip Erdogan, Rodrigo Dutert, Marion Maréchal, Marine Le Pen e o próprio Jair Bolsonaro. O "modelo Bannon" de campanha política, com manipulação de preconceitos, divulgação de *fake news* e desinformação foi fundamental à implantação do projeto neoliberal ultra-autoritário do governo Bolsonaro.

A racionalidade neoliberal gerou também o fenômeno de pessoas livres do peso de terem que pensar (em certo sentido, a-sujeitos), na medida em que suas ações são direcionadas por modificações do meio, pela manipulação das informações, pela propaganda, pela indústria cultural e, hoje, pelos mandamentos produzidos pelas "telas" (televisões, smartphones, computadores ligados à rede etc.), que funcionam como "próteses do pensamento"[10] adequado ao mercado. Essas pessoas, livres do peso de pensar e despidas de valores como a solidariedade, tornaram-se o alvo preferencial da propaganda bolsonarista.

O público bolsonarista faz parte de um fenômeno tipicamente neoliberal: a população fabricada para se tornar uma formação "egogregária",[11] um coletivo marcado mais pelo egoísmo e pelo narcisismo,

---

[10] TIBURI, Marcia. *Olho de Vidro:* a televisão e o estado de exceção da imagem. Rio de Janeiro: Record, 2011.

[11] DUFOR, Dany-Robert. *O divino mercado:* a revolução cultural liberal. Trad. Procópio Abreu. Rio de Janeiro: Companhia de Freud, 2008, p. 24.

CAPÍTULO V - PROPAGANDA BOLSONARISTA

estimulados tanto pelo poder político quanto pelo poder econômico, do que por um legítimo individualismo, o que exigiria uma verdadeira autonomia, inexistente na subjetivação neoliberal.

Esse narcisismo neoliberal levou ao desaparecimento do valor da política e o crescimento do sentimento antipolítica. Não por acaso, apesar de ser um personagem da política brasileira há mais de trinta anos, Jair Bolsonaro se apresentava, e era percebido por parcela do eleitorado, como o antipolítico.

A promessa de autodeterminação pessoal, distorcida a partir de manipulações do sujeito e transformada em egoísmo, entra em conflito com o projeto de autodeterminação coletiva.[12] Valores e ideias como "solidariedade", "comum" e "espaço público" perderam importância para as pessoas. A ideia de "individualismo" também sofreu uma mutação. O individualismo perdeu em autonomia e ganhou contornos narcísicos,[13] o que significa a perda do interesse das pessoas pelos outros e pelo coletivo.

O egoísmo, incentivado pela racionalidade neoliberal, e a correlata preocupação exclusiva com os próprios problemas fazem com que as pessoas não se envolvam com o "comum" e se afastem do horizonte público. O espaço público ficou reduzido à propaganda, à publicidade e à exposição pornográfica de vidas transformadas em mercadorias. As pessoas, condicionadas pela racionalidade neoliberal, são levadas à repetição das mesmas condutas e dos mesmos "pensamentos" inofensivos aos olhos dos detentores do poder econômico, mas, ao mesmo tempo, estão isoladas, na medida em que tendem a perceber os "outros" como potenciais concorrentes e/ou inimigos.

A vida pública adquire um caráter alucinatório, muito em razão da propaganda e da tecnologia dos meios de comunicação de massa.[14]

---

[12] Nesse sentido: ORSINA, Giovanni. *La democrazia del narcisismo:* breve storia dell'antipolitica. Venezia: Marsilio Editori, p. 61.

[13] Nesse sentido, por todos: LASCH, Christopher. *The culture of nascissism*. American life in age of diminishing expectations. New York: W.W. Norton & Company, 2018.

[14] CASTORIADIS, Cornelius; LASCH, Christopher. *La culture de l'égoïsme*. Paris: Climats, 2012, p. 22.

Mesmo a ciência, que poderia permitir uma visão de mundo mais racional, passou a ser percebida como o espaço da produção de milagres que fazem com que tudo se torne possível, o que contribui para a alucinação neoliberal da ausência de limites. Por outro lado, os resultados científicos contrários aos projetos dos detentores do poder político tornam-se objetos de ataques a partir da ação de mistificadores.

Essa sensação de "alucinação" a que fica submetido o indivíduo se explica em razão da racionalidade neoliberal que contém em si um princípio de ilimitação. Em outras palavras, se tudo é cálculo econômico, se o homem tende a buscar a maximização diante das alternativas postas à escolha, e se inexistem limites no meio em que se encontra, há uma tendência a que toda a sociedade passe a ser regida pela busca de vantagens pessoais e que todos os obstáculos ao lucro e às relações mercantis entre indivíduos sejam percebidos como negatividades e, assim, afastados, inclusive aqueles obstáculos tradicionais regidos por códigos religiosos ou éticos.

Jair Bolsonaro, desde a campanha eleitoral, soube explorar esse desejo de ilimitação. Em diversas oportunidades, o discurso de Bolsonaro e de seus apoiadores atacava os limites éticos, jurídicos e civilizacionais que buscavam criar obstáculos à violência estatal, ao racismo, ao machismo, à homofobia etc.

A propaganda bolsonarista, em especial através das redes sociais, buscava transformações culturais na sociedade brasileira, com a desestabilização dos adversários políticos, a demonização de figuras do mundo político e cultural, a estigmatização do pensamento, o crescimento de conflitos internos a partir de manifestações de massa "espontâneas" que se realizam em torno de pautas abertas e abstratas ("defesa da família brasileira", "contra a corrupção", contra "tudo o que está aí" etc.).

Essas manifestações "espontâneas" de apoio ao Capitão Bolsonaro foram precedidas de processos de subjetivação que recorreram à propaganda, em especial nas redes sociais, a partir de técnicas que derivam do estudo da psicologia das massas. Não é obra do acaso, a recepção tanto no meio nazista quanto no meio neoliberal, com destaque para os

CAPÍTULO V - PROPAGANDA BOLSONARISTA

ideólogos do bolsonarismo, das teorias desenvolvidas por Edward Bernays, filho da irmã de Freud. Bernays sustentava a possibilidade dos governos e dos anunciantes arregimentarem a mente "como os militares o fazem com o corpo", bem como a necessidade de apelar para o individualismo e o "desejo" para conseguir o que se quer.[15]

As teorias sobre a "propaganda" de Bernays, inspiradas na teoria freudiana da psicologia das massas, podem ser encontradas na base das ações incentivadas ou induzidas que antecedem a queda de Dilma Rousseff, a prisão de Lula da Silva e a eleição de Jair Bolsonaro. Bernays sustentava que poucas pessoas "invisíveis" tem o potencial de influenciar e orientar o pensamento das massas, e que essas pessoas precisavam ser usadas para manter a ordem (ou criar a desordem) na sociedade. Era necessário, portanto, "contaminar" o grupo com ideias de fora através de abordagens indiretas, o que se conseguiria através do estudo de grupos de pessoas para se descobrir como alcançá-las e fabricar "consensos".[16] Através dessas técnicas, que visam antes seduzir do que coagir, e que envolvem notícias que "devem ser fabricadas artificialmente para que a campanha de publicidade seja mais eficiente", o objetivo é fazer com que as ideias transmitidas através de palavras, sons e gestos se tornem parte integrante da própria massa. Assim, as mensagens produzidas contra os governos e políticos indesejáveis passam a ser percebidas como um elemento unificador da massa através de técnicas utilizadas para mobilizar as pessoas, tais como o recurso a marchas, o boicote às eleições, os slogans, as caricaturas (no Brasil, o boneco "pixuleco", vestido de presidiário, buscava atacar o capital simbólico do ex-presidente Lula da Silva, adversário de Bolsonaro e, então, novamente candidato à presidência do país), os gestos obscenos, o desacato a autoridades, as representação de funerais, dentre outras técnicas já descritas pelo teórico dos "meios não-violentos" de ação política Gene Sharp.[17]

---

[15] BERNAYS, Edward. *Crystallizing public opinion*. Montana: Kessinger Publishing, 2004.

[16] BERNAYS, Edward. "The engineering of consent", 1947. *In:* <http://classes.design.ucla.edu/Fall07/28/Engineering_of_consent.pdf>. Acesso: em 15.06.2019.

[17] SHARP, Gene. "198 Methods of non-violence action". *The Albert Einstein Institution*. Disponível em: <http://www.aeistein.org/nva/198-methods-of-nonviolent-action/>. Acesso em: 11.06.2019.

Também as diversas formas de intervenção indireta no governo de um país, inclusive os golpes brandos, como o que levou à queda de Dilma Rousseff (sem o uso explícito da força ou de técnicas de guerra, convencional ou não, contra as "regras do jogo" democrático), se explicam a partir das lógicas da concorrência e da ilimitação, típicas do neoliberalismo, que geram uma normatividade em que tudo é possível para vencer o concorrente/inimigo e aumentar o lucro, inclusive desconsiderar a normatividade internacional e a soberania popular.

A principal força da propaganda bolsonarista, bem ao estilo *alt-right* norte-americana, reside na utilização sem limites éticos ou jurídicos das redes sociais. Hoje, não há mais dúvida de que o conteúdo das redes sociais e os algoritmos interferem no modo-de-ser e, portanto, nos processos democráticos.

Uma eleição, por exemplo, pode ser decidida a partir da manipulação da opinião pública (com *fake news*, distorções de notícias etc.) através de algoritmos e da segmentação de informações (sem qualquer compromisso com o valor "verdade") para os diferentes perfis de potenciais eleitores. Assim, o que parece contraditório, ao se analisar o conjunto de declarações de um candidato como Bolsonaro, na realidade, representava uma comunicação direcionada e capaz de atender a diferentes aspirações de eventuais eleitores.

Técnicas como a *microtargetins*[18] e o *profiling*[19] facilitam a segmentação das campanhas e, em certa medida, reproduzem, no ambiente da democracia formal, estratégias militares. Perfis são classificados a partir de marcadores sociais, tais como a classe social, a etnia, a identidade de gênero, a religião e as crenças, e isso permite atacar os pontos sensíveis de cada grupo de eleitores de uma forma mais eficaz. Foi assim que Bolsonaro aparecia como racista para o eleitorado racista e como simpático aos negros para o eleitorado negro.

---

[18] Técnica de direcionamento do "alvo" que envolve a segmentação preditiva do mercado.

[19] A utilização de dados de "clientes" (natureza das compras, características etc.) contidos em um banco de dados para determinar padrões de comportamento, de compra e/ou consumo, o que permite modular ações comerciais e/ou políticas de acordo com a natureza do(s) perfil(s).

CAPÍTULO V - PROPAGANDA BOLSONARISTA

Há, portanto, uma questão ligada à formação da subjetividade e ao acesso à informação que foi fundamental para a eleição de Jair Bolsonaro. O poder digital/numérico (espécie de psicopoder) condiciona os indivíduos e restringe as informações que cada um deve receber. Basta pensar, por exemplo, que um usuário da internet não terá acesso aos mesmos resultados de busca (em plataformas como o Google), nem aos mesmos artigos e nem às mesmas publicidades que os outros usuários.

Para além da exploração, há uma formatação dos indivíduos submetidos à internet e ao poder numérico, em um ambiente em que "dados" são mercadorias e a "codificação" funciona como lei. A codificação (o tratamento/modificação de um dado, ou de um conjunto de dados, para torná-lo mais apropriado a um fim específico) implementa valores e impõe normas, podendo preservar ou levar à exclusão da liberdade, fortalecer ou extinguir vínculos intersubjetivos etc.

O exemplo da experiência narrada por Lantana Sweeper, professor de Harvard, que ao lançar seu nome no serviço de busca da empresa Google sempre passava a receber anúncios de serviços jurídicos para pessoas acusadas ou condenadas pelo sistema penal (isso porque o algoritmo não só identificava o seu nome como o de um afro-americano como também "deduzia" que o mesmo estivesse com problemas jurídico-penais), demonstra satisfatoriamente que o universo numérico/digital não é neutro e que, ao contrário, pode atuar a partir de preconceitos racistas.[20] Não se pode, ainda, esquecer que tanto as sociedades financeiras quanto as sociedades da internet, hoje, estão no coração da economia da informação e que seus interesses econômicos e políticos tendem a condicionar as "opções" postas aos cidadãos, reduzidos a usuários da internet.

Percebe-se, pois, que a neutralidade e a imparcialidade no ambiente da internet são impossíveis, uma vez que os dados são codificados a partir dos interesses da indústria dos mega-dados e o algoritmo é direcionado para determinar quais informações ou artigos vão ter maior visibilidade para cada usuário ou grupo de usuários. Pode-se, portanto, afirmar que

---

[20] PASQUALE, Frank, *Black box society:* les algorithms secrets qui contrôlent l'économie et l'information. Paris: Fyp, 2015.

na "vida digital" existe um filtro que atende a determinados fins (políticos e econômicos), capaz de ampliar ou não, segundo uma lógica própria (e programada), o impacto de uma ou outra informação, de uma ou outra opinião política etc.

Dentro da lógica da racionalidade neoliberal, para os interesses das empresas de *big data*, a democracia e os valores democráticos são irrelevantes, quando não obsoletos, e podem ser afastados sempre que representarem obstáculos à idealizada "governabilidade algorítmica" (que, como toda governabilidade, é também essencialmente política).

Vale lembrar que a "rede de computadores" (*Internet*) nasceu, em meados dos anos 1980, dentro dos laboratórios das forças armadas estadunidenses, tornando-se um sistema tentacular que se alastrou por todo planeta e criou "dependências" das mais variadas formas. Uma dependência que cresceu com a possibilidade dessa "rede de computadores" ser acessada através de aparelhos de telefonia móvel (que permitem, inclusive, o mapeamento do deslocamento dos usuários) e com o surgimento de dispositivos de comunicação via *internet* como o *Whatsapp* e o *Telegram*.

Os Estados Unidos, hoje, exercem o controle da infosfera. Dá-se, nesse campo, uma espécie de consórcio entre o Estado, através de agências como o Departamento de Comércio americano, e as empresas que exploram os dados coletados dos indivíduos. Os detentores do poder econômico que atuam na infosfera representam "os novos Rockefellers. Aqueles a quem os Estados Unidos delegam a exploração, a estocagem e o refinamento dos depósitos numéricos".[21]

A maior eficiência prometida pela "cultura numérica", que passa a ser percebida como um vetor de progresso, de maiores facilidades e de crescimento econômico, leva ao velamento de que o "numérico/digital" reforça a precarização dos indivíduos (e das relações de trabalho), o empobrecimento da linguagem, a privatização dos serviços, a vigilância generalizada e a tecnocratização dos governos. Pode-se, portanto, falar

---

[21] DUGAIN, Marc; LABBÉ, Christophe. *L'homme nu:* la dictature invisible du numérique. Paris: Plon/Robert Laffont, 2016, p. 24.

CAPÍTULO V - PROPAGANDA BOLSONARISTA

de uma espécie de "determinismo tecnológico", produzido por empresas e governos que exploram as tecnologias de informação e de comunicação nas sociedades, que se soma às outras técnicas de biopoder.

A estratégia de coleta dos dados necessários ao sucesso de campanhas políticas, à exploração econômica dos indivíduos, à governança das cidades e ao controle da população é típica das modernas técnicas de biopoder, que surgem e se multiplicam a partir da racionalidade neoliberal. Nelas, o explorado, sem perceber, colabora para a sua própria exploração. Durante todo o dia, pessoas conectadas à rede de computadores fornecem dados sobre seus gostos, suas prioridades, sua saúde, seu grau de instrução, seus estados psicológicos, suas ideologias, seus projetos, suas ações etc. O indivíduo, sem saber, trabalha para as empresas de *big data*, emitindo cada vez mais dados, inclusive durante o período que deveria ser destinado ao "descanso". A produção desses dados é, então, tratada e coletada em computadores que possuem capacidade de armazenamento e cálculos cada vez maiores, o que permite realizar associações, etiquetamentos sociais e correlações das mais audaciosas às mais improváveis, bem como projeções e cálculos governamentais. Busca-se com isso criar uma espécie de "verdade numérica" com o objetivo de simplificar o mundo, fazendo desaparecer toda a imprevisibilidade e demais negatividades que atrapalhavam os negócios.

A "verdade numérica", que integra o regime de verdade neoliberal, tornou-se uma mercadoria que é explorada por empresas especializadas, em ramos que variam da potencialização das vendas de um produto à prevenção de crimes através da predição das condutas reprováveis (como promete, por exemplo, o aplicativo Predipol). O preço a pagar é a redução drástica e o quase desaparecimento da intimidade, da esfera indevassável da vida.[22]

A partir do digital não só o mercado cresce e é otimizado como também surgem novos modos de governar e fazer política.[23] Por um lado, o indivíduo integramente conectado passa a viver "completamente

---

[22] Nesse sentido: DUGAIN, Marc; LABBÉ, Christophe. *L'homme nu:* la dictature invisible du numérique. Paris: Plon/Robert Laffont, 2016, p. 9.
[23] COURMONT, Antoine; LE GALÈS, Patrick. *Gouverner la ville numérique.* Paris: Puf, 2019.

nu sob o olhar daqueles que coletam sem cessar informações sobre ele",[24] por outro, surgem novas técnicas de governança e produção de subjetividades a partir da "verdade numérica".

Os dados coletados e tratados passam a ser um elemento central tanto para o controle social quanto para a transformação do modo de governar e a formatação de imagens públicas. Nesse contexto, a vigilância e o controle das condutas de cada indivíduo tornam-se a regra, sem que as pessoas tenham consciência ou se encontrem em condições de resistir à invasão da privacidade. A diversão, a saúde e a própria segurança tornaram-se o pretexto oficial para a transparência, a produção de dados e o desaparecimento da intimidade.

Com a "revolução numérica", as pessoas passaram a ter as vontades condicionadas a partir de informações e dados selecionadas por terceiros com motivação comercial, política e ideológica. Dentro dessa dinâmica, proliferam-se as *fake news*, mentiras com força de verdade utilizadas para condicionar comportamentos e produzir ódios, em especial quando confirmam preconceitos enraizados na sociedade. No Brasil, fala-se na existência de um "gabinete do ódio", primeiramente, ligado à campanha e, depois, ao governo de Jair Bolsonaro. Em recente pesquisa, coordenada pelas professoras Isabela Kalil (FESPSP) e Marie Santine (UFRJ), na qual foram analisados dados qualitativos e quantitativos no cruzamento entre etnografia virtual, mapeamentos de redes sociais e inteligência artificial revelou que 55% das publicações favoráveis ao governo de Jair Bolsonaro eram feitas por robôs.[25]

As pessoas encontram-se presas à rede (e ao fato de terem se tornado objetos de empresas que buscam o lucro), mas de uma maneira indolor, sutil e até agradável, seduzidas pela tecnologia, enquanto que a sociedade fica reduzida a uma espécie de "nuvem volátil de indivíduos conectados",[26] embora cada vez mais sozinhos.

---

[24] DUGAIN, Marc; LABBÉ, Christophe. *L'homme nu*: la dictature invisible du numérique. Paris: Plon/Robert Laffont, 2016, p. 12.

[25] Disponível em: https://www.fespsp.org.br/store/file_source/FESPSP/Documentos/Coronavirus-e-infodemia.pdf

[26] Nesse sentido: HAN, Byung-Chul. *Dans la nuée*: reflexions sur le numérique. Trad. Matthieu Dumont. Paris: Acts Sud, 2015.

CAPÍTULO V - PROPAGANDA BOLSONARISTA

Os algoritmos e a cultura numérica criam "bolhas de interesse" que favorecem o distanciamento, a incomunicabilidade e a polarização da sociedade, o que também possui uma funcionalidade política e é útil aos detentores do poder político. Como percebeu Byung-Chul Han, o numérico faz desaparecer o distanciamento, a curiosidade e, consequentemente, o respeito pelo outro. Em lugar do "distanciamento respeitoso" surge uma espécie de intromissão voyeurista combinada como uma permissão para ultrapassar os limites tradicionais na comunicação, o que está ligado também ao desaparecimento das distâncias e das hierarquias entre o emissor e o receptor das informações e das mensagens. Essa redução artificial das distâncias reforça a interpenetração neoliberal entre as esferas pública e privada.

Ainda segundo Han, o respeito é a pedra angular da esfera pública[27] e funciona como condição de possibilidade tanto de um espaço púbico quanto da percepção de um "comum". Só há debate ou reconhecimento de um espaço comum se existir o respeito ao outro. O numérico/digital, ao contrário, favorece ondas de indignação e de ódio contra o pensamento diferente. E essas "ondas" podem ser manipuladas e exploradas com finalidade política, como fizeram os ideólogos do bolsonarismo. Trata-se de um fenômeno que cresce acobertado pela distância de uma forma de comunicação em que é impossível olhar para os olhos do interlocutor.

Nas redes sociais não há espaço para o diálogo ou para o debate público, uma vez que a comunicação numérica, em regra, se dá como a "expressão instantânea da reação emocional",[28] sem tempo para elaborações ou reflexões sobre o conteúdo do que é escrito ou falado.

---

[27] HAN, Byung-Chul. *Dans la nuée*: reflexions sur le numérique. Trad. Matthieu Dumont. Paris: Acts Sud, 2015, p. 10.

[28] HAN, Byung-Chul. *Dans la nuée*: reflexions sur le numérique. Trad. Matthieu Dumont. Paris: Acts Sud, 2015, p.12.

Capítulo VI
A NOVA OBSCURIDADE

Em 1985, Jürgen Habermas publicou na Alemanha um livro intitulado "A nova obscuridade – pequenos artigos políticos". Dentro do projeto de enfrentamento político e teórico das ameaças à democracia, o autor procurou refletir sobre as tensões e os problemas de um período marcado por uma crise do Estado social, permanências de um passado autoritário, políticas de rearmamento e repressões policiais a manifestações e protestos públicos. Todos esses sintomas do que Habermas chamou de "nova obscuridade" estão presentes e potencializados no Brasil de hoje e são explorados pelos ideólogos do bolsonarismo.

Aqui o quadro é bem mais grave. Nunca chegamos a construir um verdadeiro Estado de Bem-Estar Social e, hoje, vivemos um momento de profunda regressão social, política e ética. O sistema de proteção dos direitos individuais e sociais foi extremamente fragilizado a partir da crença de que não podem existir limites intransponíveis ao lucro de uns poucos e à acumulação do capital pelos detentores do poder econômico. Instalou-se um Estado conservador e voltado à realização dos desejos dos super-ricos.

Os direitos e garantias fundamentais passaram a ser tratados como objetos negociáveis e, portanto, descartáveis. O poder político voltou a se identificar sem pudor com o poder econômico, desaparecendo as mediações que caracterizavam o Estado moderno. Os valores democráticos perderam importância ao mesmo tempo em que o egoísmo foi elevado à virtude.

Tem-se um novo neoliberalismo, que se diferencia por ser ultra-autoritário e culturalmente conservador, responsável pela nova obscuridade. Não por acaso, alguns analistas passaram a identificar uma espécie de "revolução conservadora" em curso. Essa aliança entre os interesses dos detentores do poder econômico, práticas autoritárias e valores conservadores pretende integrar a partir da racionalidade neoliberal, que faz com que tudo e todos sejam tradados como objetos negociáveis, o projeto de um mercado sem limites e o controle social através da moralização e da repressão estatal da população. No Brasil, essa aliança produziu tanto o impeachment da presidente Dilma Rousseff quanto mantém o governo de Jair Bolsonaro.

Nessa tentativa de síntese entre os interesses do mercado e a necessidade de compensar os efeitos socialmente destrutivos do neoliberalismo com promessas de ordem, tenta-se criar um imaginário no qual seja compatível a expansão capitalista das grandes corporações econômicas e a priorização do capital financeiro (capital improdutivo) com uma sociedade estável e segura, de pequenos proprietários independentes e responsáveis pelos seus bens, em uma espécie de retrotopia, ou seja, uma mistificação tola de um passado seletivamente reconstruído. Para tanto, o "mercado" é apresentado como um modo de existência fundamental, como uma realidade natural e inescapável, enquanto os direitos e garantias fundamentais, os valores democráticos e o projeto de liberdade, igualdade e fraternidade passam a ser vistos como óbices transponíveis tanto à realização dos fins do mercado quanto à eficácia repressiva do Estado.

A nova obscuridade é, em resumo, a antítese da democracia.

Como já se viu, a racionalidade neoliberal está na base do Estado Pós-Democrático, forma estatal em que desaparecem os limites rígidos ao exercício do poder econômico. Com o empobrecimento subjetivo e a mutação do simbólico produzidos pela racionalidade neoliberal, os

CAPÍTULO VI - A NOVA OBSCURIDADE

valores democráticos (como, por exemplo, a "liberdade" e a "verdade") passaram a ser desconsiderados. Basta pensar na aceitação, em parcela da população, de linchamentos, prisões ilegais ou notícias falsas (*fake news*) que passam a produzir efeitos de verdade.

Correlato ao enfraquecimento do projeto da modernidade, deu-se a adesão a uma lógica pautada por meios linguisticamente empobrecidos ("dinheiro" e "poder"), mas adequados ao projeto de Estado desejado pelos grupos, partidos e movimentos de "direita".

O projeto neoliberal a que Jair Bolsonaro aderiu, é apresentado e vendido como uma política de inovação, de modernização, quando não de ruptura com práticas antigas. A propaganda neoliberal, de fórmulas mágicas e revolucionárias, torna-se no imaginário da população a nova referência de transformação e progresso. O neoliberalismo, porém, propõe mudanças e transformação com a finalidade de restaurar uma "situação original" e mais "pura", onde o capital possa circular e ser acumulado sem limites.

Os movimentos neoconservadores, que sustentam as teses que levam à nova obscuridade, aparecem como fundamentais ao projeto neoliberal porque se torna necessário "compensar" os efeitos perversos e desestruturantes do neoliberalismo através de uma retórica excludente, moralista e aporofóbica, bem como com práticas autoritárias de controle da população indesejada.

Diante dessa tendência da "direita" à nova obscuridade e, em consequência, à destruição dos valores democráticos, poderíamos pensar que as forças progressistas (partidos e movimentos de "esquerda") estariam unidos em defesa do que restou da democracia no Brasil. Mas, isso ainda não se deu. Com uma retórica sectária e moralista (nesse sentido, muito próxima da encontrada nos adversários da direita), parcela dos partidos e movimentos de esquerda preferiram reafirmar narcisicamente as pequenas diferenças e os projetos pessoais ou partidários de poder, em vez de unir forças para atuar concretamente em defesa da democracia. Mesmo diante do crescimento do pensamento autoritário e das ameaças concretas aos direitos fundamentais, esses coletivos de "esquerda" preferiram o isolamento e apostaram na fragmentação das forças progressistas, na crença de que assim cresceriam de importância no jogo político.

Ao se fecharem para o diálogo com outros partidos do mesmo campo, não admitindo sequer receber apoio de outras forças políticas de esquerda (nesse particular, o caso do PSOL fluminense é exemplar), esses partidos e movimentos ajudam na consolidação da nova obscuridade. Ao reafirmarem diferenças, resgatarem ressentimentos e repetirem o discurso do "monopólio da pureza" (que também estava presente na infância do Partido dos Trabalhadores), esses grupos aproximam-se mais das experiências totalitárias (desnecessário lembrar dos grupos de extrema-direita que pretendiam purificar a sociedade ao mesmo tempo em que utilizavam o significante "corrupção" para destruir os inimigos políticos e a democracia) do que de um projeto libertador. Os aplausos de lideranças dessa esquerda moralista e sectária a posturas autoritárias, contrárias à legalidade democrática, e à neutralização do direito (e do sistema de garantia corporificado no rol de direitos e garantias fundamentais) pela moral são muito significativos e preocupantes.

Há um claro limite para a propaganda e a violência, que foram os instrumentos até o momento utilizados para promover esse movimento de distanciamento com os valores da modernidade e da democracia. A propaganda e a violência não são capazes de melhorar as condições políticas e sociais, ao contrário, elas geram mais violência, ressentimento e ódio. A própria combinação de forças que sustenta o bolsonarismo apresenta limitações evidentes: os atores sociais neoconservadores procuram compensar os efeitos sociais típicos do projeto neoliberal com uma retórica moralizante e discriminadora somada à defesa de práticas autoritárias e repressivas adequadas à tradição brasileira, porém o poder de enganar a população, vendendo a imagem de que o "mercado" e os lucros absurdos das instituições financeiras são uma realidade natural e compatível com a nostalgia de uma sociedade estável e "pura", não dura para sempre.

Capítulo VII
A PARANOIA COMO CONDIÇÃO DE POSSIBILIDADE PARA O BOLSONARISMO

O capitalismo, segundo Dany-Robert Dufour, após consumir os corpos (a noção de "corpos produtivos" é, nesse sentido, um excelente exemplo), passou a consumir os espíritos, como "se o pleno desenvolvimento da razão instrumental (a técnica), permitido pelo capitalismo, se consolidasse por um déficit da razão pura (a faculdade de julgar *a priori* quanto ao que se é verdadeiro ou falso, inclusive bem ou mal). É precisamente esse traço que nos parece propriamente caracterizar a virada dita 'pós-moderna': o momento em que uma parte da inteligência o capitalismo se pôs a serviço da redução de cabeças".

A racionalidade neoliberal, que transforma tudo e todos em objetos negociáveis, e só se preocupa com o lucro e a acumulação do capital, além de elevar o egoísmo à condição de virtude, produz um fenômeno: a dessimbolização, o desaparecimento dos valores e dos limites que condicionavam a civilização.

A partir da diminuição de importância tanto da dignidade humana quanto de valores como a "verdade" e a "liberdade", que cada vez mais passaram a ser tratados como se fossem "mercadoria", as explicações forjadas na modernidade, que procuravam dar conta de um mundo em que o ser humano não mais seria instrumentalizado, de um mundo em que o sujeito seria o centro de referência para todos os fenômenos, se tornaram obsoletas.

Essa dessimbolização/mutação do simbólico gera modificações sensíveis na posição dos cidadãos, em especial na figura do eleitor. Quanto menos limites tiver, e mais "livre" (e acrítico) for o eleitor, quanto mais esvaziada a linguagem, maior a possibilidade de que seu voto e suas manifestações políticas potencializem o arbítrio.

O esvaziamento da linguagem leva a distorções na percepção da realidade e nas práticas políticas, inclusive no julgamento típico do momento de votar. Ao desaparecer o justo *a priori*, quando a política fica reduzida à identificação dos "amigos" e dos "inimigos" (e a correlata guerra entre eles), se os valores e limites democráticos encartados na Constituição da República são desconsiderados, o voto passa a depender exclusivamente do imaginário de um eleitor egoísta e acrítico.

As leis, que regulavam o gozo e impunham limites externos ao sujeito, cada dia mais passam a ser relativizadas ou ignoradas. Pessoas passaram a agir sem qualquer limite em um mundo percebido como sem limites. Avanços tecnológicos levaram à crença de que tudo é possível. A técnica, como toda manifestação carregada de ideologia, ilude e nubla a percepção do sujeito. Ao mesmo tempo, o capitalismo, em sua nova versão sem luvas, revela-se insaciável: não há limites ao lucro e à acumulação do capital (os inimigos do mercado e do capitalismo financeiro devem, portanto, ser neutralizados). O egoísmo tornou-se uma virtude.

Essa mudança da economia psíquica, do sujeito neurótico, preocupado e atormentado com os limites e a tradição em que foi lançado ao nascer, para o sujeito psicótico (ou, na melhor das hipóteses, o sujeito perverso), que desconhece (ou goza ao violar) limites, acaba por produzir mudanças na hora da eleição. Tem-se, então, a hipótese do eleitor psicótico.

O mecanismo essencial da psicose, como lembrou Jacques Lacan, é a foraclusão do Nome-do-Pai, ou seja, em apertada síntese: a não-inclusão

CAPÍTULO VII - A PARANOIA COMO CONDIÇÃO DE POSSIBILIDADE...

da norma edipiana. O "não", aquilo que figura como limite externo imposto por um terceiro (e os mitos trabalhados por Freud, tanto o do Édipo quanto o do Pai da Horda, são narrativas sobre a existência de limites), deixou de ser introjetado pelo sujeito. Um eleitor que não reconhece o "não" (o não poder agir fora dos limites da lei adequada à Constituição da República; o "não" que veda tratamento discriminatório entre homens e mulheres; o "não" que veda a tortura e a pena de morte; o "não" que assegura a dignidade da pessoa humana etc), atua fora dos marcos democráticos, uma vez que a existência de limites ao exercício do poder, inclusive ao poder de votar, é condição de possibilidade da vida democrática.

Aquilo que foi foracluído do lado de dentro, retorna com força no lado de fora, no mundo sensível, na rua, sob a forma de delírios ou alucinações (não por acaso, ao clínico interessa o retorno do foracluído). No caso de um eleitor marcado pela dessimbolização, o que foi foracluído retorna no momento do voto e, principalmente, na adesão a versões parciais, na formação de convicções que substituem a verdade e nos quadros mentais que condicionam sua atuação e suas paixões políticas.

A dessimbolização explica, em grande parte, a razão pela qual pessoas que necessitam de políticas sociais voltadas à redução da pobreza votem em políticos comprometidos com o fim dessas políticas ou que mulheres que se afirmam feministas (por *fake feminist* entende-se a adesão ao discurso feminista para se juntar a um movimento que está na moda ou como uma espécie de justificação de gênero para o fracasso pessoal) prefiram votar em homens do que em outras mulheres feministas.

A partir da não introjeção dos limites, a realidade do sujeito da psicose, em especial do paranoico, torna-se povoada por criações inconscientes projetadas nos parentes, vizinhos, colegas ou em pessoas com visibilidade. Os delírios ou versões alucinadas a que adere o sujeito passam a influir na vida pessoal e no trabalho. Forma-se ódio onde antes existia inveja e ressentimento. Lula da Silva, por exemplo, foi vítima desse ódio.

Na eleição de Jair Bolsonaro, a verdade perdeu importância diante das certezas, ainda que delirantes, dos seus eleitores. Pense-se, por exemplo, nos ganhos sociais de um governo que podem ser ignorados a partir da "certeza" da "ameaça comunista". Ou nos discursos de ódio que são relevados diante da "certeza" de que não passavam de uma "brincadeira". Ou da naturalização do tratamento subalterno reservado às mulheres através da "certeza" de que o "machismo não existe" (vale lembrar, mesmo no campo da esquerda, dos simpáticos "neologismos" como "co-governadora" e "co-presidenta", que disfarçavam a opção preferencial – e machista – por candidatos homens, mesmo diante das regras eleitorais que aumentaram as verbas do fundo partidário para candidaturas de mulheres).

Deu-se, na eleição de Bolsonaro, o primado da hipótese sobre o fato, uma vez que o voto distanciou-se da realidade (trama simbólico-imaginária) para atender à certeza delirante (mero imaginário) do eleitor. O paranoico, mesmo que muitos não percebam (e o paranoico, não raro, é um fingidor), cortou os laços com as exigências da civilização. Em outras palavras, a sua recusa aos limites significa que ele não admite renunciar às pulsões sexuais. Tem-se, então, a recusa à lei simbólica, típica do momento histórico marcado pelo processo de dessimbolização. O eleitor-paranoico, por sua vez, atua a partir de uma certeza que não admite contraste ou contestação: para ele, admitir a simples possibilidade de estar errado já significaria uma renuncia ao gozo, o que para ele é inadmissível.

Ao não reconhecer limites às pulsões, o eleitor-paranoico afirma um mundo sem lei. Desaparecendo o simbólico, desaparecem também os valores e os limites. A lei torna-se uma construção imaginária do psicótico, ou seja: a lei passa a ser aquilo que o psicótico imagina. A lei torna-se uma criação do paranoico a partir da imagem que ele tem da "lei", do "justo" e da "ética". Para o eleitor-paranoico, as leis e os valores democráticos nunca representam dados a serem levados em consideração no momento do voto. Desaparece, também, a preocupação com o outro e com o comum, uma vez que o voto passa a depender do imaginário empobrecido e egoísta do eleitor.

Os discursos são laços sociais que funcionam a partir de limites e como formas de tratamento do real do gozo pelo simbólico. Discursos

CAPÍTULO VII - A PARANOIA COMO CONDIÇÃO DE POSSIBILIDADE...

são sustentados pelo Nome-do-Pai (pelo não-do-pai que funciona como o primeiro limite imposto ao sujeito). A ausência de limites torna o eleitor-psicótico avesso ao laço social. Não por acaso, o psicótico representa uma ameaça para qualquer ordem. Um eleitor psicótico, por exemplo, é uma ameaça à diversidade e à ordem democrática. Isso não se dá em razão apenas de sua fala tendencialmente pulverizante e virulenta, mas principalmente porque suas atitudes desfazem as significações adotadas e as conexões entre significantes e significados. No caso desse eleitor paranoico, a tendência ao gozo indomável pulveriza o sistema democrático e cria um novo "ordenamento" a partir das imagens que faz do que é correto, lícito, moral ou justo.

O psicótico ataca o laço social, critica-o, aponta a inconsistência da linguagem como garantidora da lei e do amor. Ao mesmo tempo, ele tem uma postura rígida que o leva à identificação imediata com um significante ideal. Ao contrário do esquizofrênico, que apresenta distúrbios da associação de ideias, o paranoico é um intérprete. O eleitor paranoico interpreta condicionado por suas certezas delirantes. O paranoico fica retido por um significante. Significante, por definição, é tudo aquilo que os outros não são. Sua principal característica é ser somente diferença. Um significante não é o mesmo ao mudar de lugar, ao mudar de contexto. Em toda identificação há um traço distintivo: o traço unário, mencionado por Lacan. Há o "Um" que reúne, o "Um" que institui a norma, o "Um" da Lei. Na psicose, o sujeito ocupa a posição desse "Um", ele é o Um, a que tudo se refere, a exceção a qualquer norma, o lugar de onde se origina a lei. Essa onipotência internalizada pelo psicótico é um dos sinais da ruptura do sujeito com a realidade. O eleitor paranoico cria uma realidade paralela, um sistema social em que ocupa a posição de "Um", daquele que tudo sabe e tudo pode, daquele que diz o que é justo.

O processo de dessimbolização do mundo coloca uma questão: todos estão loucos? A paranoia tomou conta de cada um? O sistema eleitoral é feito de psicóticos? Por evidente, não. Mutações subjetivas não podem ser tomadas por quadros clínicos individuais. Ademais, pode-se pensar no fenômeno da "foraclusão local", ou seja, da foraclusão que se manifesta em apenas um aspecto da vida, sugerida por Juan-David

Nasio. Mas, evidentemente, o processo eleitoral abre-se cada vez mais para quadros mentais paranoicos, para lógicas paranoicas de atuação no mundo da vida.

Em um mundo cada vez mais dessimbolizado, em que a "verdade" e a "liberdade", valores democráticos, passaram a ser tratadas como objetos negociáveis, desaparecem os limites éticos e legais que condicionavam os eleitores. Um mundo dessimbolizado permite o retorno e a naturalização do libertarianismo defendido pela equipe econômica de Bolsonaro, o crescimento do fanatismo religioso útil aos seus aliados e a criação de inimigos imaginários (como os "esquerdistas"). A liberdade acaba reduzida à liberdade de ter, que reduz todos os direitos ao direito de propriedade, ao mesmo tempo em que rejeita os laços de solidariedade social. Apenas um mundo dessimbolizado opera com a dicotomia liberdade versus igualdade, quando na realidade esses valores não são necessariamente contraditórios. Apenas um mundo dessimbolizado substitui tanto a fé autêntica pela verdade revelada, que interdita diálogos, quanto as ideias cristãs de libertação e caridade pelos valores individualistas da chamada "teologia da prosperidade", a partir da qual milagres são negociados e a fé apresentada com um investimento destinado à obtenção de sucesso pessoal e aquisição de bens materiais. Apenas um mundo dessimbolizado convive com a aceitação acrítica de mentiras, *fake news* e a demonização dos adversários políticos.

No mundo do eleitor paranoico, a certeza cega da verdade do que se pensa e do que se faz leva a distorções que comprometem a dimensão material da democracia, aquela que diz respeito à defesa dos direitos e garantias fundamentais. Tem-se uma espécie de fantasia tóxica, na qual várias pessoas são chamadas a atuar.

Capítulo VIII
O DESEJO POR AUTORITARISMO

A razão não dá conta de explicar o sucesso eleitoral de Jair Bolsonaro. Como descrever a eleição de uma pessoa que naturaliza a tortura? Como tanta gente votou em um homem que declarou preferir ver o filho morto a aceitá-lo gay? Como votaram em uma pessoa que considera o estupro como algo natural e que ainda declara achar relações sexuais inter-raciais uma coisa promíscua? As explicações mais comuns não são suficientes e soam pouco sinceras. Explicar o voto a partir de concepções moralistas, em especial a defesa da família brasileira ou a luta contra a corrupção, não resiste à constatação de que vários outros candidatos apresentavam propostas e discursos semelhantes, e até mais críveis, com a vantagem de se manifestarem em atenção aos limites democráticos.

Assim, as declarações dos eleitores de Bolsonaro de que votavam (para salvar a família brasileira, afastar o petismo ou combater a corrupção) no único candidato que fazia questão de demonstrar desprezo pelos valores democráticos, chegando inclusive a afirmar o desejo de prender ou exilar seus opositores, parecem esconder algo mais profundo e, provavelmente, difícil de ser assumido ou confessado: o desejo por autoritarismo.

A esse desejo por autoritarismo, por um Estado forte, ainda mais violento e sem limites para resolver os mais variados problemas sociais, vamos chamar de "o avesso da democracia". A hipótese do avesso da democracia está ligada ao processo de desaparecimento dos limites democráticos, ou mais precisamente, dos obstáculos ao gozo desenfreado e ao vale-tudo. Poder-se-ia falar em uma espécie de mal-estar da democracia, no qual o já mencionado fenômeno da dessimbolização leva ao desaparecimento do desejo de democracia.

Para além da efetiva participação popular na tomada de decisões, uma concepção material de democracia exige movimentos tendentes à concretização dos direitos e garantias fundamentais, que, por definição, são de todos. Acontece, porém, que a participação popular (que pode ser tanto manipulada através de mentiras ou distorções quanto desconsiderada nos casos de golpes de Estado, ainda que disfarçados de procedimentos legais) e os direitos fundamentais (que são desconsiderados ou relativizados por intérpretes lançados em uma tradição autoritária) passaram a ser percebidos como obstáculos à eficiência do Estado ou mesmo aos fins do mercado. E, de fato, os direitos fundamentais foram construídos como obstáculos à imoderação que, a partir da racionalidade neoliberal, tornou-se o registro normativo da sociedade (aquilo que pode ser chamado de "sociedade sem lei").

A dessimbolização é uma consequência necessária da racionalidade neoliberal, esse modo de ver e atuar no mundo que percebe tudo e todos como objetos negociáveis. O ser humano passa a ser explicitamente tratado como uma mercadoria (nesse sentido, a racionalidade neoliberal produziu uma regressão pré-kantiana). Não existem mais valores ou princípios inegociáveis: tudo recebe o tratamento dado aos objetos negociáveis. A imoderação tornou-se o registro normativo: sempre se quer gozar mais e mais. O egoísmo passou a ser percebido como uma virtude, enquanto a solidariedade passou a ser percebida como um sinal de fraqueza na vida transformada em competição por mais mercadorias. Mas, não é só.

Hoje, a racionalidade neoliberal precisa do retorno de práticas e concepções fascistas (ou neofascistas), de um Estado forte e sem limites no controle social para assegurar os fins do mercado, pois é indispensável controlar a multidão de indesejáveis, vítimas e adversários políticos do projeto que busca a acumulação ilimitada de capital.

CAPÍTULO VIII - O DESEJO POR AUTORITARISMO

A ausência de limites (éticos, jurídicos etc.), se é funcional ao projeto neoliberal que busca o crescimento e a acumulação ilimitada do capital, revela-se um risco à vida em comum, mais precisamente ao laço social. Isso porque a racionalidade neoliberal aponta para o desaparecimento das relações entre as pessoas, uma vez que o sujeito passa a perceber o outro como um objeto descartável. Não há mais o diálogo entre sujeitos, mas falas direcionadas a objetos. Dá-se, na sociedade, uma espécie de hipnose ou zumbificação, na qual o único imperativo é gozar custe o que custar, enquanto o entorno é tratado como algo a ser usado, devorado ou simplesmente destruído.

A dimensão ideológica desse fenômeno deve(ria) ser facilmente desvelada, mas não o é. Primeiro, porque o pensamento crítico, vocacionado ao desvelamento dos fenômenos, também é demonizado em toda quadra histórica autoritária. Não por acaso, Bolsonaro chegou a declarar que "ninguém aguentava mais jovens com pensamento crítico". Segundo, porque a ignorância, que é da essência da ideologia e da correlata zumbificação, precisa ser preservada para assegurar o posterior perdão pela forma como os sujeitos agem. Tal qual na passagem bíblica, as pessoas esperam ser perdoadas "porque não sabem o que fazem".

A dessimbolização gera "assujeitos", zumbis demitidos da faculdade de julgar e propícias posturas perversas, quando não psicóticas. A dessimbolização, em resumo: gera o bolsonarismo. A violação dos limites torna-se o objeto do gozo, quando esses limites não são simplesmente ignorados na busca da satisfação pessoal. Naturaliza-se o absurdo. Tem-se, não raro, a substituição da lei simbólica (um limite externo) pela imagem que cada um faz da lei (lei imaginária), bem como a identificação de uma pessoa para ocupar o lugar do Pai (sempre poderoso) a ser seguido, que promete liberar o gozo (o mesmo gozo que o projeto civilizatório e democrático havia vedado): as pessoas pretendem estar novamente "livres" para expor seus preconceitos ou desconsiderar os direitos fundamentais dos outros, vistos como concorrentes, a serem vencidos, ou inimigos, que devem ser destruídos.

Enfim, o modo de ver e atuar neoliberal levou ao ponto zero do laço social, ou, para lembrar de Freud, a uma hipnose a partir da tentativa de estabilidade que se obtém na adesão a um ideal comum (destruir o inimigo, salvar a família tradicional, resgatar um passado idealizado etc.), que propicia o surgimento de mitos e o desejo por um chefe poderoso e terrível, capaz de realizar tudo aquilo que o sujeito impotente sabe que não conseguiria sozinho.

A dessimbolização leva, portanto, a uma espécie de psicose social. No caso brasileiro (como, antes, já tinha ocorrido nos Estados Unidos de Donald Trump), uma psicose gerada por uma propaganda sem compromisso com a verdade, com argumentos racionais ou com questões políticas concretas ou tangíveis, mas baseada em cálculos emocionais, na manipulação de ressentimentos, ódios e pulsões. Essa manifestação da psicopolítica, capaz de produzir dominação sem que os dominados/zumbis percebam, utiliza-se da reiteração e escassez de ideias, frases feitas sem maiores complexidades, slogans e etiquetações que criam e demonizam inimigos imaginários (construções que se distanciam da realidade dos rivais políticos), ao mesmo tempo em que transforma o absurdo e o ridículo em capital político.

A ideologia, o não saber como se faz uma opção pelo avesso da democracia, permite o gozo sempre imoderado e estimulado pela racionalidade neoliberal. Um gozo que leva à eleição de uma pessoa identificada com o avesso da democracia, com a imoderação e o egoísmo, em um contexto construído a partir de um grande delírio, seja o antipetismo (vendido como uma organização criminosa da qual participam gênios do mal e da corrupção) para alguns, seja a promiscuidade que coloca em risco a tradicional família brasileira (a mesma que sempre escondeu os casos de violência domésticas, os estupros e as traições tão bem retratados por Nelson Rodrigues).

Sem reconhecer que a sociedade brasileira foi lançada em uma tradição autoritária, não é possível compreender que a população, que objetivamente melhorou de vida durante a democracia, tenha optado pela aposta em uma proposta autoritária.

A narrativa fundadora da identidade brasileira se deu com o recurso à sacralização da natureza e do uso da força. Todo brasileiro, ao nascer,

CAPÍTULO VIII - O DESEJO POR AUTORITARISMO

é lançado em uma tradição autoritária que condiciona o seu modo de ver e atuar no mundo. Há uma crença nas respostas de força, em detrimento do conhecimento (aliás, o conhecimento costuma ser demonizado em sociedades autoritárias), para resolver os mais variados problemas sociais. Impossível, por exemplo, ignorar que a naturalização da desigualdade e a hierarquização entre pessoas é efeito da escravidão brasileira, fenômeno até hoje não devidamente elaborado. Não por acaso, nossos mitos, que preenchem os vazios narrativos, são autoritários.

Os governos democráticos, com mais intensidade nos governos petistas, produziram apenas buracos nessa tradição autoritária. Não foi possível fechar ou substituir a cadeia de sentido que vai de um passado mítico a um futuro mítico, aposta no uso da força e leva ao medo da liberdade. A redução a desigualdade e as chamadas "políticas identitárias", necessárias à concretização da democracia, mexeram com o imaginário da população, mas não foram apreendidas como algo da esfera do "comum" ou suficientes para reverter e superar a tradição autoritária, sexista, homofóbica e que, por tanto tempo, justificou o privilégio dos detentores do poder econômico e a distância entre a classe média e as classes inferiores.

Vale mencionar que a propaganda do candidato Jair Bolsonaro se preocupou pouco com questões políticas concretas, tangíveis ou mesmo com o programa de governo. Investiu, porém, em estimular uma atmosfera de agressividade emocional e irracional. A partir de um discurso extremamente simples e com escassez de ideias conseguiu a adesão da maioria em torno de uma promessa (que o Brasil estaria acima de tudo e dirigido em nome de Deus), uma vez que a oposição democrática estava dividida a partir de pautas que não conseguiam unificar todos os potenciais eleitores.

A empolgação com as mudanças democratizantes, em especial com a redução da desigualdade, promovidas pelo Partido dos Trabalhadores, que o levou a quatro vitórias consecutivas para o governo federal, transformou-se em ódio ao petismo a partir de forte campanha midiática e empresarial. Aos detentores do poder econômico, a permanência do Partido dos Trabalhadores no governo, impondo limites, ainda que insuficientes e muitas vezes meramente retóricos, à acumulação ilimitada do capital tornou-se insuportável, ainda que as consequências da sua queda, provavelmente, não tenham sido devidamente consideradas. A demonização do petismo, que funcionou como elemento unificador das massas na última eleição, levou ao sentimento de que o que o Partido dos Trabalhadores produziu no governo era ruim, ou mais precisamente, de que os movimentos direcionados à democratização foram equívocos ou mesmo atentados à família brasileira.

Em apertada síntese, depois da turbulência democrática, com erros e acertos dos detentores do poder político, a demonização do Partido dos Trabalhadores e de seu legado produziu uma espécie de refluxo: os velhos hábitos mentais forjados na tradição autoritária voltaram, com destaque para a naturalização tanto de privilégios quanto da hierarquização entre as pessoas, reinstalando-se não só em comportamentos individuais como também nas práticas institucionais.

A falha em constituir uma nova cadeia de sentido comprometida com os valores democráticos e a decepção atribuída ao Partido dos Trabalhadores (e, a partir de um deslocamento de sentido, à toda esquerda brasileira) foram substituídas pela mesma mentalidade e pelas mesmas práticas anteriores à chegada de Lula da Silva no governo. O Partido dos Trabalhadores fracassou em produzir um processo de dissolução das mentalidades autoritárias. Por isso, a necessidade de impor a ordem ao caos, produzido e vendido pelos meios de comunicação de massa e por aqueles que viam seus privilégios ameaçados, levou ao desejo pelo retorno do cajado, pelo retorno de um governo que priorizasse a força, de um governo autoritário, como aqueles com que já estávamos acostumados.

Assim, a necessidade de estabilidade do brasileiro, que acredita na ordem e no uso da força, que se encontrava em equilíbrio instável entre, de um lado, as promessas democratizantes do PT e do PSDB (que, por terem consequências desconhecidas, produziam medo) e, de outro, a lembrança idealizada de um passado seguro (porém, autoritário) levaram à tentativa de restaurar a subjetividade autoritária, esburacada pelas ações dos governos democráticos. O autoritarismo foi para o eleitor brasileiro de 2018 a referência estável e segura, uma vez que, a partir da racionalidade neoliberal, a opção democrática foi demonizada, juntamente com as perspectivas utópicas de futuro.

Capítulo IX
EM BUSCA DE UM LÍDER

Circula uma anedota sobre o Brasil na qual um extraterrestre, ao chegar ao planeta Terra, mais precisamente ao pousar sua aeronave no Brasil, solicita ao primeiro terráqueo que encontra pela frente para ser levado ao líder do país para ser informado do que está acontecendo por estas bandas do universo. O brasileiro, então, se limita a repetir, por várias vezes, "mas que vergonha! Mas que vergonha". Essa piada, que alguns podem considerar sem graça, coloca duas questões importantes: quem são os atuais donos do poder e, principalmente, o que está acontecendo com o Brasil.

Do ponto de vista dos detentores do poder político e de seus ideólogos, o Brasil passa por uma "revolução conservadora", através da qual se pretende assegurar os valores da família brasileira e promover o retorno a um passado de segurança, pureza e tranquilidade. Para além da inadequação moral do conservadorismo em um país como o Brasil (o que se pretende conservar? A desigualdade aberrante? O extermínio da população pobre? O racismo? A homofobia?), o problema dessa visão de Brasil é facilmente identificável: esse passado ao qual se quer retornar nunca existiu.

Os ideólogos do atual governo produzem com seu discurso uma retrotopia (para utilizar uma expressão de Zygmunt Bauman) na disputa pelo imaginário da população. Promete-se o retorno a um passado mitológico (e o mito, como percebeu Jacques Lacan, serve para dar sentido ao que não tem sentido e preencher vazios argumentativos) como reação às incertezas e medos provocados pela dinâmica social e a perda de privilégios sociais das camadas médias da sociedade brasileira (o filme "*Que horas ela volta*", de Anna Muylaert, revela esse medo).

Percebe-se, portanto, que diferentemente de uma verdadeira revolução conservadora (que buscaria conservar valores ameaçados), o que existe de concreto é um discurso e uma prática reacionária que visa destruir conquistas sociais. A ideia de conservação é substituída pelo projeto de destruição. E isso se dá a partir de um discurso voltado à conquista do imaginário da população com o recurso à propaganda e à promessa de retorno a um passado mítico (exatamente o mesmo procedimento que os novos detentores do poder político acusavam os governos tucanos e petistas de tentar colocar em prática).

Todo o fenômeno bolsonarista é construído a partir de um mito que, por sua própria natureza, dispensa qualquer base empírica ou racional. Não por acaso, o mentor ideológico do bolsonarismo, o ex-astrologo Olavo de Carvalho, construiu um discurso que forma um todo coerente a partir de certezas delirantes (que não guardam relação necessária com a facticidade e o valor "verdade"), mitos e sofismas. As conclusões do ideólogo do bolsonarismo partem de premissas erradas e crenças que desafiam o conhecimento produzido e acumulado pela civilização, o que explica o anti-intelectualismo (visível no ataque às vozes independentes de oposição na academia), inerente à personalidade autoritária de uma pessoa que se afirma filósofo e professor.

O bolsonarismo pode ser definido como um sistema de pensamento paranoico, em que certezas delirantes como o terraplanismo, o marxismo cultural e o complô comunista se misturam com senso comum, preconceitos e xingamentos para justificar e reforçar a ignorância e o culto à violência dos seus discípulos e seguidores. As *fake news* são apenas um dos sintomas desse registro ideológico. A divulgação deliberada de notícias falsas ou distorcidas serve para reforçar preconceitos e noções mentirosas da realidade, mas também para orientar de maneira significativa

CAPÍTULO IX - EM BUSCA DE UM "LÍDER"

as decisões individuais, sobretudo para manipular a cena política e eleitoral. Mais do que mera desinformação, são o resultado de um trabalho de engenharia comunicativa, social e ideológica que visa reforçar certezas delirantes, em especial para aqueles que estão predispostos a confirmar seus preconceitos, medos e visões distorcidas da realidade.

Se é verdade que o poder econômico aderiu ao bolsonarismo para impedir uma nova vitória do Partido dos Trabalhadores e de uma agenda que, em certa medida, procurava impor freios mínimos à ilimitação neoliberal, a base social do bolsonarismo é composta de pessoas que enfrentam inúmeros problemas gerados pelo funcionamento normal do modelo capitalista, mas que não possuem condições de reflexão para descobrir que o capitalismo neoliberal é a verdadeira causa de suas dificuldades. Diante desse contexto, o então candidato Jair Bolsonaro contou com o "carisma do homem comum", com a empatia que pessoas carentes de reflexão têm com outras pessoas carentes de reflexão. A ignorância une. O pensamento simplificador é mais facilmente comunicado à população. Mas não só. Da mesma maneira que idiotas se identificam com idiotas, preconceituosos se identificam com preconceituosos. Não faltaram, então, pessoas das mais variadas classes sociais para compor a massa bolsonarista.

Ainda na tentativa de explicar o Brasil e seus líderes, seria possível falar em populismo de direita, na moralização das classes populares (através das igrejas e dos militares) ou na mediocridade dos principais personagens da cena política, tanto na direita quanto na esquerda. Ou, ainda, afirmar que o Brasil reproduz todo o repertório ideológico do fascismo (crença na violência, medo da liberdade, anti-intelectualismo, ode a um passado mítico etc.). Mas isso ainda não é suficiente.

O Brasil bolsonarista caminha para se tornar um país sem preocupações éticas. O egoísmo foi transformado em virtude, enquanto qualquer preocupação social passou a ser percebida como fraqueza. O discurso oficial dos detentores do poder político, por exemplo, aponta as minorias como a parcela da sociedade composta de pessoas disfuncionais e/ou inimigos. Aqui também se faz presente a necessidade, de todo regime autoritário, de criar inimigos. Manipula-se o medo da população a partir de inimigos imaginários para justificar o arbítrio. Há também o efeito secundário desse discurso: uma espécie de legitimação para ações violentas tanto de agentes estatais quanto de particulares contra mulheres, negros, LGBTs e militantes de esquerda.

Mesmo o combate à corrupção, defendido no plano retórico pelos detentores do poder politico, é marcado no Brasil pela violação aos limites éticos. Há também um novo registro erótico no país. Nunca se falou tanto de sexo e escatologia quanto agora, ainda que essas falas venham acompanhadas de um discurso moralizante. Ao que tudo indica, trata-se de uma estratégia para que perversos e recalcados falem de sexo (masturbação em crianças holandesas, orgias, mamadeira de piroca, *golden shower* etc.) sem constranger parcela do seu eleitorado.

Do ponto de vista econômico e político, parece existir certo consenso de que o Brasil aderiu a um novo neoliberalismo. Não mais o neoliberalismo *soft* de Clinton ou Fernando Henrique Cardoso, mas um neoliberalismo ultra-autoritário que é necessário para conter/exterminar os indesejáveis (pobres e inimigos políticos) e bloquear a reflexão. Um neoliberalismo antidemocrata e anti-iluminista. A militarização do governo, que conta com militares nos seus diversos escalões, é a explicitação desse novo paradigma de governo voltado à satisfação do mercado.

A plasticidade do neoliberalismo explica a existência de um governo militarizado e, ao mesmo tempo, comprometido com as políticas neoliberais voltadas ao fundamentalismo de mercado e à eliminação da esfera pública. A racionalidade neoliberal, entendida como uma normatividade, transforma as pessoas, a sociedade e as instituições, condicionando o funcionamento tanto do fenômeno da militarização, que passa a servir aos detentores do poder econômico e à defesa da Constituição econômica, quanto da judicialização, que faz com que "a mão visível do direito sirva à mão invisível do mercado", como afirma Pierre Dardot.

Em apertada síntese, pode-se afirmar que o Brasil vive uma espécie de "realidade pelo avesso". Há um liberalismo contrário às liberdades individuais. Um anti-nacionalismo apresentado como nacionalismo, o que muitos analistas identificam como o desejo de voltar a ser uma

CAPÍTULO IX - EM BUSCA DE UM "LÍDER"

colônia de exploração (em uma espécie de sadomasoquismo diplomático, que promete guerra à Venezuela ao mesmo tempo em que realiza todos os desejos dos Estados Unidos).

Pode-se, ainda, dizer que o Brasil de Jair Bolsonaro aderiu, portanto, a um neoliberalismo identitário (violento contra os diferentes), falsamente nacionalista, que tem como referencial o país de Donald Trump, bem diferente da opção de Fernando Henrique Cardoso (1995-2003) de aderir a um neoliberalismo globalista e multilateralista, como aquele liderado por Bill Clinton. De igual sorte, aposta-se na ideologização da sociedade a pretexto de combater as ideologias, enquanto se ataca o conhecimento ao mesmo tempo em que se afirma pretender melhorar a educação.

Por mais que se tente explicar, provavelmente a melhor resposta que se pode dar à questão posta pelo alienígena da anedota é: que vergonha! Que vergonha!

Capítulo X
A "NOVA" POLÍTICA

Há algo de novo na forma como se exerce o poder em todo o mundo. Paradoxalmente, esse "novo" remete ao passado, na medida em que associado tanto a discursos ultraconservadores e xenófobos quanto a práticas inquisitoriais e oligárquicas. A principal característica dessa nova forma de exercício do poder é a ausência de limites, o que pode ser observado com a emergência de experiências autoritárias a partir da chegada ao poder político de pessoas como Trump, Salvini, Orban, Erdogan e Bolsonaro.

Se entendermos a democracia como um horizonte que aponta para uma sociedade autônoma em que as pessoas não precisam apostar no autoritarismo por medo de exercer a liberdade, com deliberações coletivas (e a efetiva participação popular na tomada das decisões políticas) e voltada à concretização dos direitos e garantias fundamentais (o que só é possível com limites rígidos ao exercício do poder), não é possível afastar a hipótese de que essa deriva autoritária é o resultado da estratégia de culpar a democracia pelos efeitos das políticas neoliberais iniciadas no Chile após o golpe de Estado que derrubou Salvador Allende, e que se expandiram para todo o mundo, com especial destaque para a Inglaterra de Thatcher e os Estados Unidos de Reagan.

Segundo essa hipótese, a destruição do projeto de bem-estar social, bem como a desarticulação dos coletivos que atuavam na vida política (sindicatos, comunidades eclesiais de base etc.), somado ao ressentimento e à cólera produzida pela perda de direitos dos trabalhadores e de prestígio social pela classe média, teria levado à opção por soluções autoritárias. Da mesma maneira que na década de 1930 o fascismo foi apresentado como uma reação ao liberalismo, o ultra-autoritarismo é vendido ao cidadão como uma resposta à atual crise.

Esse autoritarismo, que recorre a soluções que podem ser identificadas como tipicamente fascistas, surge da manipulação de sentimentos compreensíveis e promete o retorno a um passado mítico de paz e segurança. Tem-se nessa ilusão por modelos autoritários uma manifestação do que Bauman chamou de "retrotopia", a nostalgia por um passado que nunca existiu, mas que permite "resgatar" formas de identidade (nacional, comunitária, raça, classe, gênero etc.) e velhos preconceitos.

O que há de novo, e revela a engenhosidade do modelo, é que essa nova forma de governabilidade que surge da crise produzida pelos efeitos do neoliberalismo (desagregação dos laços sociais, demonização da política, potencialização da concorrência/rivalidade, construção de inimigos, desestruturação dos serviços públicos etc.) promete responder a essa crise com medidas que não interferem no projeto neoliberal e, portanto, não alcançam a causa dos danos sociais que levam à cólera e ao ressentimento da população. Para iludir e mistificar, criam-se inimigos imaginários (os direitos humanos, a democracia representativa, a degradação moral, a depravação sexual, a diversidade, as minorias, Lula, Kirchner, Sócrates, Mélenchon etc.) que são apresentados como os responsáveis pelos problemas concretos suportados pela população.

Disfarçado, o neoliberalismo revela-se plural e plástico. Pode-se, então, falar em um novo neoliberalismo "ultra-autoritário" que não só se alimenta da crise (e gera crises para esse fim), como também fabrica e persegue "culpados" pelos danos causados pela própria lógica neoliberal. Se, por um lado, o novo neoliberalismo (no Brasil, com Bolsonaro; nos EUA, com Trump) surge como uma "resposta" (populista, que manipula afetos produzidos na fronteira entre "nós, os insatisfeitos" e "eles, os causadores da insatisfação") aos danos perversos gerados pelo neoliberalismo "clássico" (no Brasil de Fernando Henrique Cardoso, nos

CAPÍTULO X - A "NOVA" POLÍTICA

EUA de Bill Clinton), por outro, continua a servir aos mesmos objetivos, mais precisamente: a busca de lucros ilimitados, a "financeirização" do mundo, a destruição dos obstáculos ao poder econômico e o controle dos indesejáveis (pobres e inimigos políticos do neoliberalismo). Em resumo, com ou sem verniz democrático, o neoliberalismo, que se revela adaptável a qualquer ideologia (inclusive ao fascismo), sustenta e atende à lógica do capitalismo global.

No Brasil, é interessante olhar o exemplo do nacionalismo de Bolsonaro, que não tem qualquer traço de nacionalismo econômico. Se no plano discursivo, o "Brasil (estaria) acima de tudo", no campo econômico o mercado revela-se um Deus acima de todos. Ainda sobre o *fake nacionalism* típico desse novo neoliberalismo, basta pensar no que se fez com as reservas brasileiras de pré-sal e na retomada dos processos de privatização. Tem-se, nesse campo, uma estranha combinação de apoio irrestrito ao capitalismo global e discurso nacionalista contra inimigos imaginários (comunistas, bolivarianos, turismo gay etc.). Em apertada síntese, utiliza-se o discurso nacionalista para reforçar o neoliberalismo e melhor atender aos interesses do poder econômico.

O fascismo, que acompanha esse modelo em diversas partes do mundo, é acidental. Pode não existir em formas neoliberais. Entretanto, existe sempre que necessário para facilitar as coisas (e o lucro) para os detentores do poder econômico. Compreender o que é o neoliberalismo hoje, seu caráter plástico e plural, é importante para não cair na ilusão da falsa oposição entre o neoliberalismo clássico e o neoliberalismo ultra-autoritário, isso porque um só existe em razão do outro, certo de que os dois miram os mesmos objetivos e atendem aos mesmos interesses. O "novo" neoliberalismo ultra-autoritário não é a resposta adequada para os danos causados pelo neoliberalismo clássico, da mesma forma que o neoliberalismo clássico não é a resposta adequada ao autoritarismo do novo neoliberalismo.

Importante, portanto, reconhecer que mais do que um conjunto teórico, um modelo econômico ou um modo de governabilidade, hoje, o neoliberalismo é uma racionalidade, uma normatividade (nesse sentido: Christian Laval e Pierre Dardot) que transforma instituições, afasta valores democráticos e condiciona o modo de ver e atuar no mundo, fazendo com que tudo e todos sejam tratados como objetos negociáveis.

No Brasil, mais do que em outros países submetidos à racionalidade neoliberal, o autoritarismo encontra facilidade para se tornar aceito no meio social, o que permite levantar a hipótese de que é o local ideal para servir de laboratório para o novo neoliberalismo ultra-autoritário. Da mesma maneira que o Chile de Pinochet foi o laboratório para as experiências do neoliberalismo clássico, o Brasil de Bolsonaro revela-se o *locus* ideal para essa nova experiência que une mercado, rentismo, lógica concorrencial, eliminação da democracia e práticas autoritárias.

A ausência de rupturas históricas com um passado de arbítrio, violência, racismo e hierarquização entre pessoas fez com que a sociedade brasileira permaneça lançada em uma tradição autoritária que leva à crença no uso da força, ao medo da liberdade, ao anti-intelectualismo (ódio/inveja do conhecimento), ao convencionalismo (aderência rígida aos valores da classe média mesmo que contrários às conquistas civilizatórias), à tendência à simplificação da realidade (a contentar-se com explicações simplistas e ausência de reflexão), à submissão autoritária (atitude submissa e acrítica diante de autoridades idealizadas), à anti-intracepção (oposição à mentalidade imaginativa e sensível), à preocupação exagerada como a sexualidade alheia, à projetividade (disposição para crer em ameaças no mundo que se originam de fortes impulsos inconscientes), dentre outras distorções típicas do pensamento autoritário. Em um país com essas características, que nunca conseguiu romper com o imaginário (perverso) gerado por fenômenos como a escravidão e a ditadura militar, para citar apenas dois exemplos, não é difícil entender como tanta gente ainda aposta em medidas autoritárias e racistas.

Essa tradição autoritária, que condiciona todo o processo de interpretar o mundo e, em consequência, o modo de ser no mundo da maioria dos brasileiros, explica muitos dos desvios e também a naturalização com que distorções autoritárias são encaradas na sociedade. Mortes desnecessárias e prisões ilegais não chocam. A liberdade, por sua vez, deixou de ser um valor inegociável e passou a ser vista como uma ameaça e, ao mesmo tempo, como um obstáculo aos fins repressivos do

CAPÍTULO X - A "NOVA" POLÍTICA

Estado. A recente negativa estatal de dar efetividade aos dispositivos legais que, em nome do valor democrático "liberdade", deveriam assegurar a presunção de inocência só pode ser explicada à luz da tradição autoritária a serviço do projeto neoliberal ou, em outras palavras, a partir da normatividade neoliberal no Brasil que não conhece limites éticos, legais ou mesmo constitucionais.

Entender o neoliberalismo ultra-autoritário passa necessariamente por reconhecer que essa racionalidade leva à imunização do mercado e dos verdadeiros detentores do poder econômico contra qualquer ameaça ou intervenção externa (e a democracia é vista como uma ameaça). O neoliberalismo, ao mesmo tempo, que faz da ilimitação e da concorrência os modelos normativos a serem seguidos nas relações sociais e nas instituições, produzindo igualmente mudanças na subjetividade, tem também uma "dimensão destrutiva", como bem percebeu Pierre Sauvêtre.

Essa dimensão destrutiva visa eliminar tudo aquilo que possa representar um risco à propriedade, ao mercado, à livre circulação do capital, ao lucro, enfim, aos interesses dos detentores do poder econômico. E isso pode se dar tanto no que diz respeito à proteção do mercado contra práticas sociais ou políticas democráticas de redistribuição de renda ou regulatórias, quanto na eliminação, inclusive pelo Sistema de Justiça, dos inimigos do projeto neoliberal através de medidas autoritárias.

Capítulo XI
A DEFESA DO INDEFENSÁVEL

Em recente manifestação popular, alguns simpatizantes da ditadura militar instaurada em 1964 carregavam uma faixa em que era possível ler o slogan "pelo direito de não ter direitos". Também se tornaram conhecidas as manifestações pelo fechamento do Congresso Nacional e do Supremo Tribunal Federal "em nome da democracia". Isso para não mencionar o apoio de parcela considerável da sociedade a Jair Bolsonaro, um politico que, ainda hoje, defende despudoradamente torturadores e a violação ao sistema de garantias constitucionais (que tem como única finalidade evitar o arbítrio e a opressão estatal contra os indivíduos, inclusive aqueles que se manifestam contra esses direitos e garantias). Mas não é só.

Há trabalhadores que defendem reformas do Estado que só favoreçem aos donos do capital. Há quem defenda o trabalho infantil e o fim do ensino público. Há dirigentes políticos que criticam o pensamento crítico e têm ódio do conhecimento. Há afrodescendentes que aplaudem medidas que potencializam o genocídio da população negra. Há mulheres que acreditam que o feminismo é puro ressentimento de mulheres feias e/ou lésbicas. E, mais recentemente, ficou evidente que não faltam aqueles que, em nome do combate ao crime, defendem a prática de outros crimes.

Em todas essas manifestações, há algo em comum: a defesa daquilo que deveria ser indefensável. Em outras palavras, trata-se de manifestações que atacam valores, direitos e conquistas que deveriam ser objeto de consenso e de defesa em uma sociedade civilizada, republicana e democrática.

Esse fenômeno da "defesa do indefensável" aos olhos de qualquer pessoa que busque compreender a realidade, torna-se ainda mais interessante à pesquisa se estivermos atentos para o fato de que, não faz muitos anos, algumas dessas manifestações seriam imediatamente repudiadas no Brasil ou arrancariam risos diante do ridículo próprio a espetáculos de programas de auditório que recorriam a políticos como Jair Bolsonaro e outras pessoas exóticas, dentre exorcistas, pessoas que se alimentam de luz ou novos messias.

Mas infelizmente, embora bufões, esses políticos não brincam. Pense-se, por exemplo, na defesa da tortura, que nem mesmo os governos militares pós-1964 ousaram admitir ou muito menos elogiar publicamente diante da repugnância que uma prática como essa provoca em qualquer pessoa com o mínimo apreço à dignidade humana.

Tendo isso em vista, a pergunta passa a ser: o que explica, no Brasil atual, a "defesa do indefensável"? Nessa primeira aproximação diante desse problema, estamos levantando a hipótese de que se trata de um problema complexo e, como tal, possui múltiplas causas, dentre elas destacando-se: a) a ignorância; b) a burrice; c) a vergonha; d) vantagem; e) o autoritarismo; f) a paranoia; e g) o cinismo. Não raro, mais de um desses fatores psicossociais se faz presente em uma mesma pessoa. Assim, por exemplo, a pessoa pode ser ignorante e burra, paranoica e autoritária, burra e envergonhada ou ainda ignorante, burra, autoritária e cínica.

A ignorância é a ausência de informação e conhecimento. Se o indivíduo possuísse informação de qualidade ou detivesse o conhecimento necessário à compreensão dos fenômenos, não "defenderia o indefensável". Se, por exemplo, entendesse que o sistema de direitos e garantias existe para evitar o arbítrio de que ele mesmo pode ser vítima, se conhecesse os horrores históricos que levaram à criação e um sistema

CAPÍTULO XI - A DEFESA DO INDEFENSÁVEL

internacional de proteção aos direitos humanos, não defenderia a violação das garantias que derivam da Constituição e dos Tratados Internacionais. O ignorante tem salvação, mas é constantemente alvo de ações governamentais que tem por objetivo mantê-lo na ignorância e, portanto, passivo diante do absurdo.

Todo governo que precisa da ignorância para se manter (ou todo governo que deseja o povo "defendendo o indefensável") adota medidas concretas para impedir o pensamento crítico (acabando com cursos de sociologia e filosofia, por exemplo), para solapar a credibilidade das universidades públicas (diminuindo os investimentos em pesquisa e educação), desvalorizar a educação, empobrecer a linguagem, destruir as palavras (ou criar novas como "conje"), suprimir e reescrever a história (atacar os cursos de história ou divulgar versões revisionistas que atendam aos objetivos do governo), reforçar a ideologia disfarçada de "neutralidade" (pense-se no movimento "Escola Sem Partido"), instrumentalizar a imprensa (perseguir jornalistas que ousam "fazer jornalismo", por exemplo), demonizar as artes (reduzir o investimento em cultura) e destruir os projetos de leitura etc.

Nelson Rodrigues dizia que se a ignorância é o desconhecimento dos fatos e das possibilidades, a burrice é uma força da natureza. A burrice é a incapacidade de articular e usar corretamente a informação que a pessoa possui. Uma pessoa burra consegue fazer o mal ao outro, mas também a si mesma sem perceber a relação de causa e efeito entre a sua ação e o mal que vem a suportar. Pode-se dizer que a burrice é, em certo sentido, uma categoria moral, na medida em que produz efeitos na esfera de terceiros. Mas, não raro, ela caminha junto com a arrogância e a prepotência que não permitem a alguém desvencilhar-se da própria burrice.

O burro defende o indefensável porque é incapaz de entender as consequências dessa defesa, inclusive para ele próprio. Pensem na manifestação em defesa do "direito de não ter direitos". Uma vez vitoriosa, a "tese" levaria à perda do direito de se manifestar. Pensem na "defesa da tortura" que coloca o manifestante na condição de potencial alvo dessa prática contrária à defesa da dignidade da pessoa humana. O burro é vítima da crença, efeito de sua falta de reflexão, de que ele não possa ser vítima de um erro judicial ou de uma armação da polícia.

A vergonha, por sua vez, costuma ser apresentada como uma condição psicológica e uma forma de controle relacionada ao medo ou consciência da desonra, desgraça ou condenação. Frequentemente, a vergonha relaciona-se com dogmas religiosos, preceitos jurídicos, valores políticos ou preconceitos sociais.

A vergonha pode explicar a tentativa do oprimido de se defender da recriminação e da condenação do opressor através do fenômeno do mimetismo. O oprimido passa a "defender" o que ele tenderia a considerar indefensável para se misturar com o opressor. Alguns exemplos podem ajudar a entender: o indivíduo que tem vergonha de sofrer o estigma de ser "pobre", "favelado" ou "negro" passa a defender ações militares desordenadas e abusivas, que colocam em risco concreto a sua própria vida e a de seus familiares. Para tentar parecer "igual" ao opressor uma pessoa pode passar a aplaudir o discurso e a prática que a colocam na condição de vítima em potencial.

A vergonha também pode justificar a "defesa do indefensável" sempre que ela impedir o indivíduo de reconhecer que estava errado em um anterior julgamento ou manifestação. Para fugir da condenação moral diante do erro, o indivíduo revela-se capaz de se manter no erro e continuar a defender aquilo que, com o tempo, se revelou indefensável. Pense-se nas pessoas que passaram a adorar e a enaltecer falsos heróis e que agora, mesmo diante da revelação de que esses heróis eram de barro, se fecham em uma postura fundamentalista de defesa daquilo que não mais é defensável.

A vantagem é o ganho, a diferença a favor, que uma pessoa ou um ente exerce ou recebe de outra pessoa ou ente. O fato de uma pessoa, uma classe, um grupo econômico ou uma categoria levar vantagem com o "indefensável" não pode ser menosprezado ao se estudar manifestações que aos olhos de um indivíduo desinteressado pareceriam absurdas. Vale imaginar que um grupo econômico investiu em um projeto de poder e que, mesmo depois de uma série de ilegalidades de seus comparsas terem sido reveladas, insiste em defender o que se tornou indefensável.

CAPÍTULO XI - A DEFESA DO INDEFENSÁVEL

Em uma sociedade em que o egoísmo passou a ser tratado como uma virtude, no qual os valores da utilidade e do interesse tornaram-se fundamentais e condicionantes da ação da maioria das pessoas, em uma sociedade em que muitas pessoas acham "normal" violar regras constitucionais para conseguir uma vantagem ou ter maior lucro, não é de se estranhar que também se "defenda o indefensável" para conseguir uma vantagem.

Se a personalidade democrática convive com a existência de limites tanto aos seus desejos quanto ao exercício do poder, a personalidade autoritária se caracteriza pela desconsideração de qualquer limite aos seus desejos e aos seus projetos. O autoritarismo leva ao culto da violência, ao ódio aos direitos humanos e ao conhecimento, ao medo da liberdade, à criação de inimigos imaginários, à confusão entre o julgador e o acusador, ao pensamento etiquetador (ao discurso empobrecido que recorre à chavões, slogans e frases feitas), à naturalização de preconceitos, à aceitação acrítica de *fake news* (em especial aquelas que confirmam os piores preconceitos do indivíduo autoritário) e, principalmente, à intolerância com qualquer limite ao poder e aos desejos do detentor da personalidade autoritária.

A razão, os direitos, os valores, as regras, os princípios e as práticas civilizatórias que impõem limites aos desejos forjados no autoritarismo passam a ser odiados e afastados. Nesse movimento, não raro, o autoritário passa a "defender o indefensável", desde a "prática de crimes para combater a criminalidade" à solução final administrada pelos nazistas no século passado.

A paranoia costuma ser definida como uma espécie de psicose que se caracteriza por uma certeza delirante que se funda na ausência da inscrição do "não" (e, portanto, de limites) no psiquismo do sujeito. Há uma perda do simbólico e o sujeito passa a recusar limites externos e a substituí-los por uma espécie de "lei imaginária', ou seja, a fazer aquilo que na cabeça dele é o certo e o legal.

O caso do juiz Daniel Paul Schreber, cuja biografia foi objeto da atenção de Freud, e que passou a acreditar que era destinado a ser a "mulher de Deus", do ponto de vista dos quadros clínicos propostos pela psicanálise, não difere muitos daqueles que aderem a uma certeza delirante que precisa ser confirmada e, para tanto, precisam abandonar os fatos, as provas, as leis, a ética etc. O paranoico, como se percebe, "defende o indefensável" para confirmar a sua certeza delirante, as hipóteses a que aderiu em razão de um quadro mental paranoico.

Por fim, o cinismo. Para além de designar uma doutrina filosófica grega, por extensão, o significante "cinismo" busca dar conta da atitude ou caráter de uma pessoa que revela desconsideração pela moral vigente, pelas normas jurídicas e pelas convenções sociais. O cínico vive um pacto com a inverdade como se ela fosse verdade, porque nada que seja verdadeiro lhe importa. O cínico "defende o indefensável" por desfaçatez. A inverdade lhe convém e a verdade não vem ao caso. Para que o cínico alcance sucesso ele precisa ser muito forte, muito vazio ou frio, emocionalmente falando. Além de suas características pessoais, é necessário um grupo de "ignorantes" e de "burros" que sirvam de audiência e forneçam apoio em um verdadeiro arranjo, um círculo cínico.

Capítulo XII
A AUTORIDADE POPULISTA

Em estudo sobre a noção de autoridade, Alexandre Kojève aponta que ela é o fenômeno social que retrata a possibilidade de um agente agir sobre os outros (ou sobre um outro) sem que exista uma reação, que seria possível se os submetidos à autoridade desejassem. Ou seja, para Kojève só existe autoridade se o agente conseguir o que pretende sem a necessidade de mudar o seu próprio comportamento. O exemplo desse filósofo é esclarecedor: "se para fazer sair alguém do meu quarto, eu preciso usar a força, se eu devo mudar o meu próprio comportamento para realizar o ato em questão, eu acabo por demonstrar que não tenho autoridade". Dito de outro modo, a noção de autoridade precisa ser reconhecida pelos sujeitos submetidos a ela, razão pela qual toda autoridade humana que existe deve ter uma causa, uma justificativa: uma razão de ser. É essa "razão de ser" que faz com que as pessoas reconheçam a autoridade e, consciente e voluntariamente, se submetam a ela sem reagir.

Em Platão, toda autoridade estaria ou deveria estar fundada na justiça ou na equidade. E, portanto, a imagem ideal da autoridade seria a do "juiz", razão pela qual se exigiria que toda autoridade fosse imparcial e desinteressada. Já para Aristóteles, o modelo de autoridade seria baseado na figura do "chefe", ou seja, aquele que seria o mais apto, o mais preparado e o mais inteligente para conceber um projeto, dirigi-lo e comandá-lo. A teoria teocrática, por sua vez, apostaria na autoridade do Pai como modelo central, uma autoridade que derivaria de Deus, por transmissão hereditária, e que exigiria o reconhecimento de limites impostos por um terceiro (o Pai). Mas qual a razão de ser de uma autoridade que despreza a imparcialidade, a inteligência ou mesmo a existência de limites externos ao exercício do poder?

Imparcialidade é sinônimo de alheabilidade, ou seja, os bons juízes não podem ter interesse pessoal em relação ao resultado do processo, nem atuar para retirar proveito político, midiático, financeiro ou social da causa posta em julgamento. Mais do que isso: todo julgador deve ter contato com o processo em uma situação de não-saber, sem ter convicções ou certezas acerca dos fatos a serem julgador. A própria ideia de "justiça", construída ao longo da história, nunca se afastou da exigência de um julgador imparcial. Na Bíblia encontra-se menção à imparcialidade ("justos juízes, sem se inclinarem para uma das partes", Deuteronômio, 16, 18-20). Não se trata, portanto, de uma novidade, nem de um obstáculo à eficiência do julgamento ou à descoberta da verdade. Na realidade, a imparcialidade é a verdadeira condição de possibilidade de um julgamento justo.

O juiz fica impedido de exercer jurisdição sempre que ocorra ou que tome conhecimento de algum fato, alguma circunstância, que o torne passível de parcialidade. Assim, por exemplo, um juiz não pode julgar os seus adversários ou inimigos (ou mesmo os adversários de sua família ou de seus amigos íntimos). De igual sorte, se o juiz tem pretensão de exercer cargos políticos no Poder Executivo, não pode julgar causas que facilitem essa nomeação ou que gerem vantagem para seus familiares ou aliados. Apenas em uma "República de Bananas" se teria por normal um juiz condenar uma pessoa (vamos imaginar um candidato a cargo eletivo), retirando-lhe as chances de vitória em uma disputa eleitoral, e, em seguida, concorrer ao mesmo cargo pretendido por aquele ou mesmo ser nomeado para cargo no governo vitorioso em razão da eliminação do concorrente.

O fenômeno Bolsonaro e a atuação do ex-juiz Sérgio Moro deixam claro que a imparcialidade da autoridade não é uma exigência que sirva

CAPÍTULO XII - A AUTORIDADE POPULISTA

à legitimação da autoridade no Brasil. De igual sorte, a inteligência deixou de ser um valor exigido de quem exerce a autoridade.

Há uma ode à ignorância que tem como consequência perversa o ódio dirigido à inteligência, ao conhecimento e à ciência. A ode à ignorância é funcional ao sistema de dominação, isso porque se relaciona com a ameaça do saber: um saber capaz de desmistificar, de contrastar certezas e de desvelar a ignorância que serve de base para diversos atos de poder. Não por acaso, o anti-intelectualismo é uma característica de todo governo autoritário. O intelectual e o sistema de educação passam a ser vistos como ameaças. No Sistema de Justiça ocorre o mesmo. O bom juiz é aquele que julga da mesma forma que o povo desinformado e sem conhecimento teórico julgaria, mesmo que para isso seja necessário ignorar a doutrina, as leis e a própria Constituição da República. Nesse particular, não há muita diferença entre Jair Bolsonaro e seu ministro da Justiça, Sérgio Moro.

Em meio à onda anti-intelectualista, não causa surpresa que a lógica do pensamento passa a trabalhar com categorias pré-modernas como o "messianismo" e a "peste". O messianismo leva à construção de heróis e salvadores da pátria (seres diferenciados, incorruptíveis, bravos e destemidos, mas que não são necessariamente cultos ou inteligentes); a lógica da peste, por sua vez identifica cada um dos problemas brasileiros como um mal indeterminado, em sua extensão, em suas formas e em suas causas, mas tangível e mortal, contra o qual só Deus ou pessoas iluminadas podem resolver. Só há "messianismo" e "peste", fenômenos típicos de uma sociedade carente de reflexão, onde desparece o saber, a informação e a educação.

O caso brasileiro, por evidente, também deixa explícito que a inteligência não é uma qualidade exigida das autoridades em tempos de bolsonarismo. Pode-se, ainda, perceber a substituição do indivíduo marcado pelo simbólico, pelo limite inscrito na subjetividade, pelo indivíduo em que o imaginário procura dar conta do laço social. A lei imposta por um terceiro desaparece para dar lugar à lei fundada na imagem que cada um faz do que é melhor ou mais interessante para ela. Há, portanto, uma nova economia psíquica que gera um novo mal-estar, que como o antigo mal-estar denunciado por Freud, também diz respeito à relação entre as pessoas, aos discursos e modos-de-ser no mundo da vida.

Há, apenas para citar um exemplo dessa mudança, um distanciamento inédito entre o meio social e a família. Os componentes da família (pai, mães e irmãos) fecham-se e desconfiam daqueles que não integram esse núcleo familiar. Gera-se um antagonismo em relação ao social, antagonismo potencializado por questões de classes, de gênero, dentre outras, a ponto de se transformar, em determinadas circunstâncias, em ódio.

Conforme as demais pessoas se distanciam do "ideal de eu", dessa construção imaginária que marca o sujeito, aumenta a desconfiança de que esses outros (em última análise, o restante da civilização) são os responsáveis pelo gozo a menos, pelas restrições e pelo que falta a cada um. As frustrações de cada um passam a ser de responsabilidade do outro, um outro muitas vezes indefinido. O ódio, que nasce da presença do outro, se faz presente até quando o outro se ausenta, isso porque o que conta é o imaginário, mais precisamente a imagem de um outro que atingiu, atinge ou pode atingir o sujeito.

Existe o ódio porque existe a linguagem, existe a linguagem porque existe um terceiro. O ódio é, antes de atingir qualquer objeto, direcionado ao simbólico, o espaço da alteridade. Liga-se ao furo no imaginário, mais precisamente ao furo que se localiza na consciência narcísica. Mas, o que teria produzido essa transformação do sujeito? A resposta mais crível é a de que foi o sucesso de um tipo de racionalidade (um modo de ver e atuar no mundo) necessária ao sucesso do capitalismo. O "sujeito moderno" começou a desaparecer no momento em que a lógica capitalista substituiu, sem enfrentar resistência, o antigo escravo por pessoas reduzidas ao estado de mercadorias, pessoas tratadas como objetos negociáveis ou descartáveis.

Essa racionalidade, por exemplo, produziu um novo tipo de julgamento, um julgamento sem Lei, um julgamento no qual o imaginário (forjado a partir das pulsões, das perversões etc.) do julgador substitui a lei imposta por um terceiro. Como já se viu, diante da ausência de Lei,

CAPÍTULO XII - A AUTORIDADE POPULISTA

não internalizada, o novo sujeito-julgador cria uma "lei", que ele mesmo encarna, voltado a dominar o outro, tratado como objeto/mercadoria.

A partir da diminuição de importância da pessoa e dos valores democráticos, que cada vez mais desaparecem diante do valor "mercadoria" e dos fins do mercado, as explicações forjadas na modernidade, que procuravam dar conta de um mundo em que o ser humano não mais seria instrumentalizado, de um mundo em que a pessoa seria o centro de referência para todos os fenômenos, se tornaram obsoletas. Na atual quadra histórica, em que tudo e todos, inclusive as pessoas, são tratadas como objetos negociáveis, as formas filosóficas pensadas na modernidade para explicar o sujeito, se ainda não foram abandonadas, são utilizadas de forma cínica. Só o cinismo e a perversão se mostram compatíveis com a forma como o outro é atualmente tratado.

O que faz com que as pessoas submetidas a uma "autoridade" que não é imparcial, nem necessariamente inteligente e nem mesmo respeita limites externos ao exercício do poder, como é o caso do governo de Jair Bolsonaro, não reajam a ela? Qual a "razão de ser" da autoridade de governantes populistas, que atuam a partir da manipulação das emoções mais primárias, como Bolsonaro, Trump, Erdorgan, Duterte, dentre outros. A resposta parece estar na categoria formulada por Hannah Arendt: o "vazio do pensamento".

A característica dessa forma de vazio é "a ausência de reflexão, de crítica, de questionamento e até mesmo de discernimento". O capitalismo exige uma autoridade capaz de raciocinar em termos numéricos (um "governo pelos números", como dizem alguns), em uma espécie de utilitarismo pobre em que o exercício racional é direcionado aos meios de se alcançar um objetivo determinado, e nada mais do que isso. Para se manter, além dos cálculos que devem mirar na reprodução, na acumulação tendencialmente infinita e na livre circulação do capital, é preciso que as pessoas não pensem, ou seja, que caiam no vazio do pensamento. Pensar, como lembrou Renata Nagamine, seria algo diferente do mero raciocínio calculista: é "uma busca pela compreensão e o sentido dos atos alheios e próprios, o que demanda tornar presente o passado e elaborar sobre ele".

As pessoas submetidas à autoridade do tipo da exercida por Trump ou Bolsonaro não podem pensar, por exemplo, que, ao destruir a natureza em busca de lucro, a própria vida passa a estar ameaçada. A autoridade, da mesma maneira que as pessoas que não reagem a ela, sabe calcular o lucro das ações governamentais, mas todos eles são incapazes de refletir em termos éticos e compreender os danos à vida provocados pela ação de destruição da natureza. Quando Trump ou Bolsonaro fazem uso do método de falar aquilo que normalmente nenhuma autoridade deveria falar, não há loucura (aliás, os loucos merecem ser respeitados), mas o emprego de uma racionalidade pouco preocupada com os valores civilizatórios ou com o sentido dos seus atos. Ações, vale dizer, direcionadas a um público igualmente pouco preocupado com os valores civilizatórios ou com o sentido de seus atos, inclusive no que toca às consequências do ato de votar.

Capítulo XIII
A IGNORÂNCIA COMO MATÉRIA-PRIMA

Ignorância, por definição, é o estado de quem não tem conhecimento ou cultura: um desconhecimento por falta de estudo, experiência ou prática. Todos nascem ignorantes e, em certo sentido, essa é a nossa identidade original. Mudar esse estado, ou não, sempre foi uma opção política tanto quanto o resultado de um esforço pessoal.

Por muito tempo, havia consenso de que era necessário superar a ignorância para desenvolver as potencialidades de cada indivíduo e fortalecer a sociedade. Mesmo a abstração do "homem econômico", transformado em modelo do "indivíduo desejável" tanto no liberalismo clássico quanto no neoliberalismo, supõe uma pessoa que superou a ignorância para se tornar capaz de calcular as vantagens pessoais que possa obter a partir de suas decisões e ações. Em apertada síntese, a ignorância, até bem pouco tempo, era vista como uma negatividade. Mesmo as pessoas mais ignorantes procuravam fingir algum tipo de conhecimento diferenciado ou de erudição. Hoje, ao contrário, passou a ser percebida como uma positividade e tratada como uma mercadoria.

A ignorância é um estado que possui valor porque pode ser explorada tanto no plano econômico quanto no plano político. É a matéria-prima para um processo de subjetivação que não enfrentará resistência de valores como a "verdade", a "solidariedade", a "inteligência", a "lógica" etc. A partir da ignorância é possível potencializar tanto o mercado quanto a adesão acrítica a um regime político. Manter a ignorância tornou-se, então, uma das principais metas da "arte de governar".

Diante da valorização econômica da ignorância, o "homem ignorante" é ressignificado e passa a ser percebido como o tipo-ideal de cidadão: aquela pessoa que se caracteriza pela simplicidade com que todos podem se identificar. A "educação" e a "cultura", por sua vez, começam a ser tratadas como ameaças que precisam ser afastadas. Instaura-se, assim, um novo modo de governo, mais eficaz e barato: o governo para e pela ignorância.

Com a demonização da educação e da cultura (percebidas como atividades degeneradas e "ideológicas"), aparece o indivíduo com orgulho de ser ignorante, como demonstra a adesão sem reflexão às posturas anti-intelectualistas em voga na sociedade. Em uma curiosa inversão valorativa (e, com toda manifestação ideológica, não percebida enquanto tal), o intelectual (aquele que se diferencia por um saber específico) torna-se objeto de reprovação social, enquanto aumenta a ode à ignorância e a espetacularização do desconhecimento.

Diante desse quadro, cada vez mais pessoas buscam se expressar a partir de uma linguagem empobrecida, com o recurso a slogans, frases feitas, chavões, jargões e construções gramaticalmente pobres, com o objetivo de serem compreendidas e contarem com a simpatia de interlocutores que eles supõem serem ignorantes. A orientação para os governantes, a oposição, os jornalistas, os gerentes e diretores de grandes empresas é a de se limitar a formulações simples (sujeito-verbo-complemento) e utilizar um vocabulário pobre para conseguir a atenção de um auditório que eles acreditam (e agem para tornar) cada vez mais inculto.

Revisitar um discurso ou uma conferência de imprensa dos principais políticos do século passado, e compará-los com os eleitos de hoje, gera profundo incômodo. A questão ultrapassa limites territoriais ou ideológicos: para não falar do Brasil, basta comparar as manifestações públicas do General De Gaulle ou de François Mitterand com as de Nicolas Sarkosy e François Hollande. A redução dos standards de co-

CAPÍTULO XIII - A IGNORÂNCIA COMO MATÉRIA-PRIMA

nhecimento e educação necessários para chegar ao poder são evidentes (como demonstram as manifestações do presidente brasileiro Jair Bolsonaro sobre a mulher do presidente francês Emmanuel Macron e o "boicote" à marca de canetas Bic).

Hoje, as referências culturais da grande maioria dos políticos não ultrapassam citações a Chaves (não o político venezuelano, mas o personagem infantil mexicano) ou, na melhor das hipóteses, a Valdemort, personagem da saga Harry Poter. Os déficits culturais são evidentes tanto entre os eleitos quanto entre os eleitores: o desconhecimento de Jean Valjean e dos irmãos Karamazov é proporcional ao crescimento do capital político de atores pornôs fracassados, cantores de qualidade duvidosa e jovens dirigentes de milícias virtuais especializados em ofender e divulgar *fake news*. As mesmas pessoas que desconhecem a Ilíada de Homero são os que gritam "mito" e "herói" para defensores da tortura, de ilegalidades e das ditaduras militares latino-americanas.

Em um clima de indigência intelectual, qualquer personagem saído de um circo de horrores ou de um programa de auditório brasileiro (igualmente horroroso, por explorar a pobreza e a desgraça) pode chegar à presidência da República. Basta pensar que a cada campanha eleitoral diminuem o número de palavras e verbos utilizados nos debates e nos programas de governo. Os debates televisivos entre os candidatos, com suas regras que inviabilizam a formulação de ideias e a exposição de argumentos com alguma profundidade, são outros exemplos que sinalizam a desimportância do conhecimento, tanto à direita quanto à esquerda, no campo político.

Nas grandes empresas não é diferente. Métodos de "gerência" importados dos Estados Unidos buscam bloquear a reflexão e otimizar a alienação para fazer dos trabalhadores meros autômatos. Alguns sintomas desse incentivo à ignorância no ambiente das grandes empresas são facilmente percebidos, tais como o abuso do PowerPoint para orientar as formas de atuação dos empregados a partir de imagens pensadas para pessoas incapazes de interpretar um texto; a contratação de consultores externos, diante do reconhecimento da incapacidade do pensamento no ambiente da empresa etc.

Também no campo do jornalismo a perda da qualidade intelectual é perceptível. Não é uma obra do acaso: para a manutenção da ignorância é necessário atacar tanto a educação quanto a liberdade de expressão. A estandardização e a uniformização dos conteúdos jornalísticos, somadas à precarização da profissão de jornalista e à concentração de poder nos blocos midiáticos (dominados por empresários sem preocupações filantrópicas), fenômenos típicos a partir da racionalidade neoliberal, são o retrato da derrocada do jornalismo em todo o mundo.

A necessidade de manter o emprego e o desejo de atender aos detentores do poder econômico comprometem a qualidade da informação e impossibilitam que determinados assuntos, notícias ou reflexões que não interessem aos patrões sejam veiculados. Cada vez mais são "fabricados" jornalistas ignorantes para produzir desinformação e, assim, divulgar/produzir ignorância. A opção por oferecer informações e discursos simplificados, de priorizar o fútil e o insignificante em lugar da informação e da reflexão, também é um ato político tanto dos empresários que controlam os meios de comunicação quanto da pequena casta de jornalistas que exercem postos chaves no mercado de produção de notícias.

O exemplo do tratamento jornalístico dado por parcela da grande mídia à chamada "Vaza Jato", conteúdo informativo produzido a partir de arquivos recebidos pelos jornalistas do *Intercept-Brasil* e que atinge a imagem de "herói" do ex Ministro da Justiça brasileiro, é um exemplo bem evidente de como opções políticas e econômicas das empresas apostam na ignorância da população e comprometem a qualidade da atividade jornalística. Trata-se de uma questão exclusivamente econômica: notícias de evidente interesse público não são divulgadas (ou são desqualificadas) para que não se perca o investimento na construção midiática do herói Sérgio Moro, virtual candidato à sucessão de Jair Bolsonaro.

A hipótese aqui defendida é a de que é preciso reconhecer a vitória da ignorância em tempos de bolsonarismo. O reconhecimento da derrota da inteligência e a identificação dos mecanismos e funcionalidades da gestão da ignorância são os antecedentes lógicos da reflexão e da criação

CAPÍTULO XIII - A IGNORÂNCIA COMO MATÉRIA-PRIMA

de estratégias que recuperem a importância da educação e da cultura na construção de uma sociedade menos injusta (e, portanto, mais inteligente).

A ignorância é um dado natural. Basta não educar ou educar precariamente para conseguir essa matéria-prima. Mantê-la, incentivá-la e explorá-la passam a ser objetivos estratégicos e biopolíticos tanto de governantes quanto de empresários. Isso porque a ignorância permite uma nova e mais produtiva forma de reificação, uma radical impossibilidade de "reconhecimento" (que não se resume à mera identificação): o desconhecimento a respeito dos outros seres humanos, dos mecanismos de exclusão, das técnicas e dispositivos de opressão e do como se interage com outras pessoas.

O valor político da "ignorância", que facilita a introjeção de uma normatividade adequada aos interesses dos detentores do poder político e do poder econômico, está ligado à ideia de identidade. É a ignorância que permite uma identificação direta com ampla parcela da população, uma identificação a partir da falta de conhecimento/informação e da miséria intelectual.

A identificação é um processo através do qual tanto a identidade pessoal quanto as relações sociais são construídas. Todavia, em um quadro de empobrecimento da linguagem e de pobreza intelectual, a "identificação" leva à formação de indivíduos que se submetem aos mandamentos daqueles com os quais se identifica e, ao mesmo tempo, à exclusão de todos os que não se adaptam a eles, em um fenômeno tendencialmente violento. Essa violência, não raro, adquire uma forma institucionalizada na medida em que é organizada e passa a contar com o apoio tanto do governo quanto dos grupos de interesse que controlam as máquinas de produção de subjetividades (televisão, smartphones, redes sociais etc.). A divisão da sociedade entre os "desejáveis" e os "indesejáveis" é uma opção política facilitada pela ignorância que permite fazer com que criminosos recebam o tratamento de "heróis", ao mesmo tempo em que todos aqueles que não interessam aos detentores do poder são criminalizados/demonizados.

Note-se que a identidade pela ignorância é um fenômeno correlato ao da ascensão de ignorantes ao poder econômico e ao poder político, ou mesmo à tentativa de parecer cada vez mais ignorante para conseguir enganar e explorar pessoas rotuladas como ignorantes. Há uma espécie de captação simbólica e o surgimento de uma nova figura de autoridade que se caracteriza tanto pela ignorância quanto pelo sucesso político e/ou econômico. A mensagem do detentor do poder poderia ser traduzida nos seguintes termos: "sou tão ignorante quanto você, mas cheguei ao poder, você também consegue, basta me seguir e/ou copiar".

Hoje, ao detentor do poder político ou do poder econômico basta repetir fórmulas prontas, slogans, piadas preconceituosas e outras manifestações associadas à ignorância, ao preconceito ou à burrice para angariar o apoio e a simpatia de pessoas que foram levadas a acreditar que o desconhecimento não é um obstáculo à realização pessoal. Políticos, empresários, jornalistas e funcionários públicos disputam a imagem do ignorante para retirar proveito e lucrar.

Não há como manter um regime autoritário sem "investir" na ignorância. Um povo ignorante pode não só ficar apático diante do autoritarismo como verdadeiramente desejá-lo, na tentativa de suprir o medo que deriva do desconhecimento sobre fenômenos e valores democráticos como a liberdade e a verdade. A ignorância adquire assim um caráter funcional para o autoritarismo. É o elemento que, ao mesmo tempo, faz a ligação entre o governante e grande parcela da população, bem como permite a manipulação da opinião pública na construção de consensos antidemocráticos. É a ignorância que fomenta a base social que naturaliza o absurdo.

O indivíduo ignorante acredita que ele e suas limitações são o retrato do mundo. Incapaz de operar a distinção entre discurso e realidade, entre o essencial e o superficial, torna-se facilmente massa de manobra. Não por acaso, a ignorância é a matéria-prima para as mais variadas formas de populismo, nas quais a emoção e os sentimentos manipulados substituem a reflexão crítica, os argumentos racionais e as demonstrações empíricas. O desconhecimento da complexidade da sociedade e a insegurança gerada por essa ignorância, favorecem o surgimento de tendências psicopolíticas e movimentos de massa reacionários, que buscam em um passado idealizado a segurança perdida e o sentido da vida.

CAPÍTULO XIII - A IGNORÂNCIA COMO MATÉRIA-PRIMA

No lugar do convencimento por argumentos racionais, o governo, pela ignorância, atua a partir do reforço de preconceitos, da exploração das confusões conceituais e do preenchimento dos vazios cognitivos com as "certezas" do governante, visto como um igual (ignorante) que deu certo (e aqui reside uma contradição performática que a cegueira da ignorância impede que seja percebida).

A exploração da ignorância por regimes autoritários não é uma novidade. Theodor Adorno, nos anos 1940 e 1950, durante suas pesquisas sobre a personalidade autoritária, já apontava que "todos os movimentos fascistas modernos, inclusive os praticados por demagogos americanos contemporâneos, tem visado os ignorantes". O que mudou, hoje, é que a ignorância deixou de ser velada para se tornar celebrada.

Em todo mundo, o uso político da ignorância se faz cada vez mais frequente. Na França, o país das "Luzes", não é diferente. Em 2011, Fréderic Lefebvre, secretário de Estado do governo Sarkozy, disse que o livro que mais o marcou foi "Zadig &Voltaire", confundindo a obra "Zadig", de Voltaire, com a famosa marca de prêt-à-porter de luxo quase homônima. O próprio Nicolas Sarkozy, também em 2011, confundiu o nome do filosofo Roland Barthes com o do campeão de futebol Fabien Barthez e acabou homenageando o pensador "Roland Barthesse". Por sua vez, a ministra de Emmanuel Macron, Muriel Pénicaud, por ocasião da morte da escritora Toni Morrison, declarou que foi a partir dessa autora afro-americana que os negros finalmente entraram para os "grandes nomes da literatura", ignorando a existência de Aimé Césarie, Léopold Sedar Senghor e vários outros brilhantes e conceituados escritores negros que surgiram antes de 1970.

A era Trump também é famosa pela instrumentalização da ignorância. O próprio Trump chegou a declarar que o conceito de aquecimento global "foi criado por chineses para as fábricas americanas não conseguirem competir". O Brasil, porém, encontra-se em um outro patamar na arte de governar pela ignorância. Apenas no primeiro ano do governo Jair Bolsonaro, os exemplos do "festivais de besteiras que assolam o país" comprovam que a ignorância virou tanto método quanto objetivo de governo.

Dentre os muitos exemplos que poderiam ser citados, vale mencionar a declaração do chanceler brasileiro Ernesto Araújo associando o aumento da temperatura global com o "asfalto quente". Também não podem ser esquecidas tanto a afirmação da ministra da Agricultura, Pecuária e Abastecimento de que as pessoas não passam fome no Brasil "porque tem mangas nas cidades" quanto as "denúncias" da ministra Damares Alves. A ministra das Mulheres do governo Jair Bolsonaro declarou que a violação sexual de meninas estaria ligada à "falta de calcinhas" em determinadas localidades, bem como apontou que a personagem Elza, do filme Frozen, dos Estúdios Disney, seria uma má influência às meninas brasileira porque era "lésbica". Também não poderiam ficar de fora nem o ministro da Educação Abraham Weintraub, que tentou explicar o corte de verbas nas universidades públicas usando "chocolates" para simbolizar os valores e errou o cálculo (com o presidente da República se aproveitando da "demonstração" para comer um dos chocolates), nem o ministro do Meio Ambiente, Ricardo Salles, que disse que a nuvem de fumaça que cobriu o céu brasileiro em razão dos incêndios na Amazônia (vale lembrar que só os desmatamento em agosto deste ano subiram 222% em relação a agosto de 2018) era uma *fake news*.

Para encerrar, e comprovar a hipótese de que a ignorância no Brasil faz sucesso, vale lembrar de duas pérolas de Olavo de Carvalho, o guru intelectual do governo de Jair Bolsonaro, de muitos militantes de direita e de parcela das forças armadas brasileiras (que ainda acredita estar em meio a uma guerra contra o "marxismo cultural" e a ameaça comunista). Para ele (e seus seguidores), é crível a tese de que as músicas dos Beatles teriam sido compostas pelo filósofo alemão Theodor Adorno, como parte de uma grande conspiração para destruir a sociedade, bem como muito provável a ligação entre o Papa Francisco, a KGB e George Soros em uma espécie de "plano infalível" para dominar o mundo da esquerda mundial.

O fato de Olavo de Carvalho ocupar o espaço de "intelectual" da extrema-direita precisa ser objeto de atenção. Trata-se de um filósofo que divulga certezas delirantes enquanto projeta uma "revolução cultural obscurantista" a partir da tese de que se deve lutar contra a "revolução

CAPÍTULO XIII - A IGNORÂNCIA COMO MATÉRIA-PRIMA

cultural marxista" (em um interessante caso de apropriação das lições de Antonio Gramsci). Pessoas como Olavo de Carvalho costumam ser desprezadas pela "inteligência" brasileira: não deveriam. Vale lembrar que ele foi capaz de construir uma obra (escreveu mais do que muitos "intelectuais" de esquerda que se mantém escondido do debate público) a partir de teses que propagam a desinformação e contam com a ignorância dos leitores. Pode-se dizer que com ele nasce o "intelectual orgânico" da ignorância. No lugar do "marxismo cultural", Olavo faz surgir o oxímoro "ignorância cultural".

Capítulo XIV
A NATURALIZAÇÃO DAS OPRESSÕES

Existe um conjunto de imagens que se têm do mundo, do Estado, da sociedade, dos indivíduos, das relações sociais, da economia etc. Hoje, esse conjunto de imagens pode ser chamado de "neoliberal", na medida em que leva o Estado, a sociedade e o indivíduo a se colocarem a serviço do mercado e dos interesses dos detentores do poder econômico. Esse "imaginário", que faz com que o indivíduo se perceba como uma empresa em busca de lucros, e que pouco a pouco foi naturalizada, reforça um modo de pensar e atuar no mundo a partir de categorias como "interesse", "lucro", "concorrência", "inimigo" etc. Assim, por exemplo, a imagem que o homem neoliberal tem dos outros indivíduos é que não passam de objetos potencialmente danosos ou, mais precisamente, a imagem de empresas concorrentes que precisam ser derrotadas ou destruídas.

O imaginário (a imagem que se tem) e o simbólico (a linguagem e os limites à representação) formam a "realidade". Se percebo uma determinada "realidade" é porque um conjunto de imagens passa a se apresentar como coerentes e a produzir um mínimo sentido a partir da linguagem e seus limites. Mas essa relação entre o imaginário e o simbólico na construção da realidade é sempre dinâmica e sujeita a condicionantes e variações. O empobrecimento da linguagem (e o correlato enfraquecimento do simbólico) promovido pela racionalidade neoliberal, por exemplo, leva ao fortalecimento do registro imaginário. A busca por lucros sem limites e o "vale tudo" para a satisfação de interesses pessoais, que caracterizam a racionalidade neoliberal, são sintomas desse processo de desaparecimento dos valores e enfraquecimento dos limites éticos e jurídicos que se percebem nas ações tanto dos agentes do Estado quanto dos indivíduos.

O imaginário neoliberal pode ser descrito, ainda que provisoriamente, como um conjunto de imagens que representam e, em certo sentido, criam a era neoliberal. É justamente em razão da natureza criativa e constitutiva da realidade que emerge a funcionalidade política do imaginário. É do registro do imaginário que, por exemplo, surgem as ideologias, as paixões e as racionalidades que disputam hegemonia. É no campo do imaginário que se disputa a supremacia de uma visão de mundo sobre as demais, bem como se desenvolvem as tentativas de consenso e de dominação ideológica de uns sobre os outros.

A "realidade neoliberal" foi construída a partir do enfraquecimento do simbólico (empobrecimento da linguagem e desaparecimento/relativização dos limites). Em um mecanismo, que a psicanálise costuma identificar como típico de um quadro paranoico, o indivíduo subjetivado a partir do neoliberalismo retira-se do laço social na medida em que só se relaciona com objetos e, ao mesmo tempo, passa a desconsiderar a lei simbólica (a lei imposta por um terceiro, o conhecimento já produzido, a "verdade" etc.) para fabricar a própria "lei": uma lei imaginária, que ele pretende impor aos outros, a partir de seus interesses e da imagem que faz do que é certo, belo ou justo.

O mundo é constituído a partir de construções imaginárias. Assim, "o mercado e a concorrência, o lucro e o salário, o capital e a dívida, o trabalho qualificado e o trabalho não-qualificado, os nacionais e os estrangeiros, os paraísos fiscais e a competitividade não existem enquanto tais, isto é, são construções sociais e históricas que dependem inteiramente do sistema legal, fiscal, educativo e político que se escolhe colocar em ação". E essa "escolha" do que "colocar em ação" também se dá a partir do imaginário. O imaginário liberal, por exemplo, permitiu o surgimento da "sociedade de consumo" e da "cultura de massa", que

CAPÍTULO XIV - A NATURALIZAÇÃO DAS OPRESSÕES

levaram a uma inédita uniformização dos modos de vida (uma uniformização das imagens produzidas). Por sua vez, é o imaginário neoliberal que faz com que, em pleno século XXI, a desigualdade seja naturalizada e a responsabilidade pela pobreza acabe atribuída ao pobre, como ocorre no Brasil de Jair Bolsonaro.

A perspectiva da "ilimitação", ligada inicialmente ao religioso e ao sublime, mas que foi resgatada em meio à "sociedade de consumo" (que aparece nos EUA no início dos anos 1920) com seus imperativos voltados ao indivíduo ("consuma!") e à sociedade ("cresça sem parar!") – e acabou potencializada pela mutação do simbólico (relativização e/ou desaparecimento dos limites à ação) levada a cabo pelo neoliberalismo – só é possível em razão de mudanças no imaginário que fazem com que a maioria das pessoas não perceba a contradição necessária entre a crença na ilimitação e a constatação da finitude do planeta.

Se não fosse a dimensão ideológica do imaginário, bastaria recorrer a conhecimentos mínimos das bases de cálculo exponencial para se perceber o absurdo que é subordinar o modo de agir na sociedade e o futuro da humanidade à ideia de um crescimento e de um consumo infinito em um planeta finito.

No imaginário neoliberal, as forças finitas com as quais o sujeito entra em contato (vida, trabalho e linguagem), e que serviam de base ao desenvolvimento do humanismo, sofrem mutações, ou melhor, passam a ser percebidas de maneira diferente: surgem novas imagens da vida, do trabalho e da linguagem.

Há, diante da evolução tecnológica, um ressurgimento da pretensão de imortalidade. O plástico e o silicone são apresentados como substitutos da imagem de "finitude" e "fragilidade" do corpo. O homem, subjetivado à imagem e semelhança de uma empresa, passa a acreditar que também pode ser infinito. A vida é apreendida pela racionalidade neoliberal e transformada em mercadoria.

O trabalho perde importância diante do ideal de acumulação infinita, com a ideia de lucrar sem o esforço de produzir (rentismo). Dá-se, também, a fragmentação da dimensão coletiva do trabalho (correlata à externalização da produção e à desagregação – inclusive, política – da comunidade produtiva) e a precarização das condições do trabalhador, que passa a preferir a auto-imagem do "empresário-de-si".

A linguagem, por sua vez, sofre um processo de empobrecimento, uma simplificação mistificadora da realidade. Através da linguagem, que exterioriza as imagens neoliberais, os valores e os objetivos do projeto neoliberal foram impregnados no mais íntimo do pensamento. Há uma manipulação da linguagem para exercer uma espécie de "encantamento" sobre os indivíduos graças à sacralização de determinados termos e a concomitante produção de imagens positivas sobre eles. Aparece o jargão neoliberal ("empreendedorismo", "meritocracia" etc.) para ocultar a precarização do trabalho e o desmonte das políticas sociais. A linguagem empresarial, típica do mercado, ao ser empregada, desprezando a realidade social, é um meio de se apropriar e transformar o objeto, as coisas, as pessoas e o mundo.

Pode-se, então, reconhecer a funcionalidade política do empobrecimento dos conceitos e das ideias de "trabalho" e "linguagem", bem como da nova mistificação da vida (na figura do pós-humano), a partir daquilo de Walter Benjamin chamou de "desenvolvimento monstruoso da técnica", uma das causas (ou, ao menos, um potencializador) de uma nova barbárie.

É o imaginário que constrói a ideia de "sujeito", na realidade, "um conceito histórico e construído, pertencente a um certo regime discursivo, e não a uma evidência intertemporal capaz de fundar direitos ou uma ética universal" – e, portanto, também dependem do imaginário as ideias de ética e de direitos, que se originam de imagens, construídas em um determinado contexto e a partir de uma determinada necessidade, do que é ser ético e do que é adequado à normatividade estatal.

Não só o nascimento (a construção do conceito), mas também a morte do Sujeito (a desconstrução da ideia) são obras que não se realizariam sem a contribuição do imaginário. O imaginário neoliberal apropria-se da "morte do homem" e da "morte de Deus", substituindo-os pelo mercado (forma-mercado). O mercado torna-se um "Deus

CAPÍTULO XIV - A NATURALIZAÇÃO DAS OPRESSÕES

anônimo que reduz os homens a escravos", instrumentalizados em atenção ao funcionamento do sistema de exploração e dos interesses dos detentores do poder econômico.

No imaginário neoliberal, também em sua versão bolsonarista, o que seria da essência humana (a verdade, o belo e o justo) são abandonados em razão da ilusão criada pela promessa de ilimitação do consumo e da acumulação de bens, o que leva ao enfraquecimento do desejo e, em consequência, da ética (entendida no sentido lacaniano de "não ceder sobre o seu desejo"). O desejo só existe em razão de limites, é a falta (e a crença na impossibilidade) que gera o ato de desejar, por isso a "ilimitação" presente no imaginário neoliberal leva ao desaparecimento do desejo e, em consequência, da própria razão de viver. Assim, há algo de niilismo nas imagens criadas pelo neoliberalismo, algo que é um efeito do empobrecimento subjetivo e do processo de dessimbolização (desaparecimento dos valores e limites) produzido pela racionalidade neoliberal.

Trata-se de um imaginário que leva à neutralização do imperativo de pensar. O que se dá, por exemplo, através tanto da promessa de uma simplificação do mundo quanto das falsificações da história. A demonização das imagens da "política', do "comum" e do "espaço público" ligam-se a essa tentativa de construir uma imagem em que o pensamento é desnecessário, a capacidade de reflexão reduzida e qualquer mudança impossível. A equiparação entre o nazismo e o comunismo, reproduzida por Jair Bolsonaro, com a finalidade de construir a imagem de que não há alternativas ao capitalismo, é um bom exemplo dessa tentativa de simplificação, que busca neutralizar o pensamento, e da correlata falsificação da história: mesmo a existência de traços semelhantes (despotismo do partido único, papel da polícia política, imaginário militar, recurso ao terror contra os opositores/indesejáveis etc.) não permite equiparar esses dois fenômenos, que aparecem como respostas radicalmente diferentes para uma mesma crise (a crise dos "parlamentarismo imperiais", da "democracia" parlamentar): comunismo e nazismo em tudo diferem sobre o aspecto dos valores mobilizados, das subjetividades presentes e do significado internacional dos projetos.

A imagem-mestra da produção imaginária neoliberal é a do Mercado, com o espaço em que tudo é permitido na busca por lucros ou vantagens, que vai servir de modelo para todas as demais imagens e relações. Por outro lado, a grande imagem ausente ou precária no imaginário neoliberal é a do "comum". É a imagem do mercado, que em muito se aproxima da imagem de um Deus da antiguidade, que vai permitir a ideia de inexistência de limites ligados ao poder, ao mercado, ao consumo e ao enriquecimento. A própria ideia de ilimitação, que antes se relacionava ao sublime, é colonizada pelo neoliberalismo e reduzida ao campo do consumo em um mundo em que tudo e todos são percebidos como objetos a serem consumidos.

As escolhas políticas, da mesma maneira que os julgamentos pelo sistema de justiça, se fazem a partir das imagens que cada sociedade e cada indivíduo que exerce poder fazem do que seja "justiça social" ou "economia justa". Por evidente, a relativização do valor "justiça" e a "coisificação" da vida, imagens típicas do neoliberalismo, repercutem sobre essas escolhas. As escolhas políticas e econômicas sempre partem das imagens e ideias que se tem sobre o Estado, a sociedade, as coisas e as pessoas.

Existem também imagens que naturalizam as opressões e o processo de dominação de uns pelos outros. A China imperial, a Europa do Ancien Régime e a Índia pré-colonial, por exemplo, foram sedimentadas a partir de imagens de "classes" de pessoas que detinham papeis específicos, naturais, a serem desenvolvidos na sociedade. Em apertada síntese, existia uma classe de "guerreiros", que garantiria o respeito à ordem e à segurança (dominação pela força), uma classe de religiosos e/ou intelectuais, que definem o que é digno de "deus" ou da "razão' (dominação pelas ideias), uma classe de trabalhadores, que assumem a função de produzir para a sociedade (alimentação, vestimentos etc.) e uma classe de pessoas rotuladas como "indesejáveis", sem uma função útil à sociedade.

Essa divisão da sociedade a partir de imagens de pessoas divididas em "classes" (no neoliberalismo, ter-se-ia também a classe dos gerentes/managements), com funções bem definidas, esbarra na dificuldade de encontrar um equilíbrio entre as classes dominantes (guerreiros e religiosos/intelectuais) que pretendem se impor (e lucrar mais do que a

CAPÍTULO XIV - A NATURALIZAÇÃO DAS OPRESSÕES

outra) sobre as classes dominadas (trabalhadores e indesejáveis). Busca-se com essa imagem de "classes" hierarquicamente superiores (pela própria natureza ou por escolha divina) às demais, criar um modelo de estabilidade e de proteção dos interesses de parcela da sociedade suficientemente convincente para que a dominação seja aceita e naturalizada por aqueles que não são diretamente favorecidos pelo arranjo social.

Todavia, a partir da "modernidade", ou mais precisamente da Revolução Francesa, há uma substituição dessas imagens e desse modelo de sociedade hierarquizada, por vontade divina ou pela própria natureza das coisas, pelo que se convencionou chamar de "sociedade de proprietários". Há uma nova "ideia" do que deve ser uma sociedade e do que deve aspirar um indivíduo. Em outras palavras, cria-se a imagem do "proprietário" como aquele que, por "ter", merece um tratamento diferenciado dentro da sociedade. Muda-se o imaginário e com ele a ideologia. Não mais a imagem de uma estabilidade nascida de uma complementariedade de papeis sociais a serem exercidos por classes distintas, que produziria uma espécie de "hierarquia harmônica", mas a imagem de que a "propriedade" era algo, uma posição ou vantagem, a que todos podiam aspirar, cabendo ao Estado a proteção desse "direito". Por isso, no século XIX, dá-se uma espécie de sacralização do "direito de propriedade", o que serviu para regularizar e justificar os quadros de injustiça e desigualdade. Tem-se, a partir da ideia de que existia a "propriedade" como elemento diferenciador entre as pessoas, todo um novo imaginário encorajado e ao mesmo tempo funcional aos fenômenos da expansão colonial e da concorrência entre as nações.

O neoliberalismo também pode ser descrito como uma realidade fundada em imagens que levam tanto a uma espécie de "neoproprietarismo" quanto à ideia de que é necessário reduzir o tamanho do Estado para melhorar a economia. O imaginário neoliberal leva à crença de que o desenvolvimento do Estado Providencia (Estado do Bem-Estar Social) prejudicava o empreendedorismo, o livre desenvolvimento das forças do mercado e, portanto, a economia e a vida dos cidadãos.

Mas, como se viu, as imagens não se identificam com as coisas que elas buscam reproduzir. O neoliberalismo, aliás, serve de exemplo para demonstrar a diferença entre a "imagem que se tem" (no caso, a imagem do neoliberalismo econômico) e a "coisa" (o neoliberalismo econômico) a partir da qual a imagem é produzida: diversas pesquisas apontam tanto o crescimento da desigualdade no período de 1990-2020 (hegemonia do neoliberalismo econômico) em relação ao período de 1950-1980 (período em que se prestigiavam intervenções estatais voltadas à área social), quanto a queda do crescimento econômico no período de 1990-2020 (1,1%) em relação ao período de 1950-1990 (2,2%). Fácil, portanto, demonstrar que durante a hegemonia da racionalidade neoliberal, os efeitos das medidas econômicas neoliberais colocadas em prática não correspondiam aos efeitos prometidos no respectivo discurso, muito embora o imaginário neoliberal tenha continuado a produzir imagens positivas desse modelo econômico.

Da mesma maneira, é no campo do imaginário, responsável pela criação das imagens dominantes tanto na sociedade quanto na economia psíquica de cada um, que se desenvolvem as disputas político-ideológicas (que depois irão se exteriorizar em manifestações de força e discursos). Como já se viu, as relações de força não são apenas materiais, mas sobretudo ideológicas, ou seja, não é necessário recorrer à violência contra o corpo de uma pessoa para poder exercer a dominação sobre ela. Ao contrário, os atos de força não passam de exceções, até porque constituem meios menos eficazes de se exercer poder sobre o outro. Há imagens capazes de manipular vontades, imagens capazes de dominar e imagens capazes de naturalizar diferentes formas de opressão.

O que hoje se entende por "psicopoder", por exemplo, se exerce através da construção de imagens e, em consequência, da produção de ideias que produzem direcionamentos (e, por vezes, verdadeiros condicionamentos) na vontade e no corpo dos indivíduos. Se uma pessoa acredita na ideia neoliberal de que "não há alternativa" ou de que "um outro mundo não é possível", resta a ela a inércia. Pense-se na própria ideia de "liberdade" aceita no neoliberalismo, "o ponto de partida do imaginário neoliberal": uma liberdade quase pré-reflexiva, em um quadro no qual as pessoas acreditam ter consciência de suas ações, mas ignoram as causas que as determinam; uma liberdade que, em concreto, se limita à possibilidade de contratar, empreender e, para poucas

CAPÍTULO XIV - A NATURALIZAÇÃO DAS OPRESSÕES

pessoas, acumular riquezas. Uma determinada ideia de liberdade, portanto, pode ser construída para aprisionar corpos e almas.

Tanto as ideologias quanto a percepção das relações materiais são produções imaginárias. É graças ao imaginário que se torna possível pensar em um mundo novo ou em uma sociedade diferente, isso porque a afirmação ou a negação de uma perspectiva transformadora são construídos através das imagens que se tem do Estado, da sociedade e do indivíduo. O imaginário controla o possível e o impossível. O neoliberalismo, em sua dimensão de governo, por exemplo, se utiliza de técnicas para organizar o possível, enquanto o imaginário neoliberal se apresenta como o detentor do monopólio do possível.

O abandono da hipótese revolucionária, que desde a Revolução Francesa animava as políticas de emancipação (um abandono que é um imperativo do projeto de manutenção do status quo), é o resultado de um imaginário conformista e conservador, ou seja, de imagens negativas relacionadas às tentativas históricas de construir um mundo melhor. A crença, por exemplo, de que a "utopia comunista" é um fracasso, de que o comunismo e o socialismo são demoníacos, de que a busca por um "comum" sempre resulta em totalitarismos ou mesmo a representação de que o "bem" se reduz à luta contra o "mal" (o bem como "vítima" do mal) são efeitos de um imaginário "positivo" do capitalismo e da ideia de que não há alternativas a ele (uma imagem, na era Thatcher, se eternizou através do acrónimo TINA – There Is No Alternative).

Tanto o fatalismo, a ideia de que não há o que fazer, quanto a imagem que se tem das derrotas e dos fracassos dependem do imaginário. Uma derrota pode ter uma imagem exclusivamente negativa e levar à ideia de que não há nada o que aprender e nem o que se fazer diante dela. Diante de um imaginário conservador, a sucessão de imagens de fracasso, por vezes sangrentas e terríveis, que são produzidas sobre um determinado evento ou movimento histórico tendem a levar ao abandono dos princípios e teses que ainda poderiam servir como instrumentos à transformação social. Dito de outra forma: uma derrota no campo do "imaginário", com o desaparecimento das imagens positivas ligadas ao fenômeno e a formação de imagens "fatalistas" (de que não há outro mundo possível), leva ao abandono radical de qualquer esperança relacionada às imagens que foram derrotadas, como aconteceu, por exemplo, com a hipótese comunista.

O imaginário conservador (e o imaginário neoliberal é conservador) produz imagens simplistas das derrotas dos movimentos emancipatórios que levam à ideia de que não há escolha ou opção ao mundo em que se vive. Todavia, o real não é conservador e a realidade pode ser alterada a partir de mudanças no simbólico e no imaginário. É possível construir imagens/significações positivas das derrotas e mesmo dos eventos mais abomináveis. Imagens de derrotas e do horror podem servir de lições. Uma derrota pode significar apenas um "ainda não" ou um "melhor de outra forma".

O exemplo do "Teorema de Fermat", trazido por Alain Badiou, é esclarecedor. Entre Fermat, que formulou a hipótese matemática, e Wiles, que finalmente conseguiu demonstrá-la, passaram-se muitos anos e várias tentativas fracassadas (inclusive a do próprio Fermat). Cada fracasso produzia novas imagens favoráveis ao desenvolvimento da matemática e, diante da fecundidade das derrotas, também servia de estímulo aos matemáticos. Há uma dimensão dialética (e uma imagem positiva) no fracasso (por vezes, apenas aparente ou provisório). Um imaginário conservador ou reacionário leva às ideias de "fracasso" ou da "derrota" como sinônimos de "ruína" e "impossibilidade", enquanto um imaginário progressista ou dialético, aprende com os fracassos e não se deixa paralisar diante das derrotas.

Uma imagem "simplista" de uma derrota como o "fim do jogo", típica do imaginário conservador, mostra-se adequada a um determinado regime de "verdade" e a uma visão histórica em que a complexidade dos fenômenos é esvaziada. Não há neutralidade na simplificação do mundo. Imagens simplificadas das coisas levam ao empobrecimento subjetivo. O empobrecimento subjetivo é político: é sempre uma opção. Esse empobrecimento se caracteriza pelo esquecimento/velamento de pontos importantes à compreensão dos fenômenos. Um ponto, por definição, é o momento de um procedimento de busca da verdade ou de um processo histórico em que uma escolha (fazer "isso" ou "aquilo")

CAPÍTULO XIV - A NATURALIZAÇÃO DAS OPRESSÕES

decide o futuro do processo como um todo. A opção por uma imagem ou uma ideia em detrimento de outra imagem ou ideia leva ao fracasso e à derrota. Como percebe Badiou, "todo fracasso é localizado em um ponto", portanto, na opção por uma imagem, uma ideia e um caminho, que se afastam de maneira irreconciliável da "verdade", que definem o resultado. Omitir o ponto, e as imagens em disputa no momento da opção equivocada, significa produzir o esquecimento e o velamento da existência de outros caminhos que deveriam ter sido seguidos para se alcançar uma vitória.

Tanto a ideia de que o socialismo é forçosamente um "totalitarismo" quanto a de que o "bem" não é algo que se deve buscar construir (bastando apostar em mecanismos que impeçam o "mal") são produções do imaginário capitalista. A criação de uma imagem exclusivamente negativa do socialismo e do comunismo, no sentido de que "a norma de todo empreendimento coletivo é o número de mortos", leva ao "apagamento" dos genocídios e dos assassinatos em massa coloniais, bem como dos milhões de mortos das guerras civis, golpes de Estado e guerras mundiais através dos quais o "Ocidente" capitalista e seus grupos dirigentes (econômicos e políticos) adquiriram poder e enriqueceram. O imaginário, como se vê, é sempre político. As construções imaginárias têm uma funcionalidade política. O imaginário neoliberal, em particular, desde que se tornou hegemônico, produz imagens conservadoras: imagens ligadas a um passado idealizado e a um futuro terrível; imagens positivas da inércia e imagens negativas de tudo aquilo que possa representar uma tentativa de superação da racionalidade neoliberal.

A oposição construída no campo do imaginário, entre a "bondade" (imagem positiva) da democracia ocidental e a "maldade" (imagem negativa) do comunismo no século 20, parte de imagens que tinham, e ainda têm, uma determinada funcionalidade político-econômica, a saber: defender o capitalismo, ou seja, justificar o "livre mercado", a concorrência, a propriedade privada, a desigualdade e a acumulação tendencialmente ilimitada. É essa funcionalidade político-econômica que explica a importância que os detentores do poder político e do poder econômico dão às tentativas de influenciar a formação das imagens que as pessoas têm dos fenômenos, das coisas e das pessoas.

Pode-se, hoje em dia, reconhecer uma nova imagem da civilização, que para muitos é, na verdade, um sintoma de um processo de "de-civilização". O processo civilizatório costuma ser definido como uma tendência de longo termo feita da interdependência e do entrelaçamento social é que conduz progressivamente ao controle dos afetos e ao controle-de-si. O imaginário neoliberal, em que ganham destaque as imagens ligadas à "concorrência", ao "inimigo" e à "empresa", dificulta o entrelaçamento social e a consciência da interdependência. Ao contrário, o imaginário neoliberal faz surgir uma tendência à desagregação e ao descontrole dos afetos. A tendência à ilimitação neoliberal, por exemplo, é um movimento em sentido contrário ao do "autocontrole". O sujeito-neurótico, pensado por Freud para dar conta do homem-médio da sociedade moderna, acaba substituído pelo "sujeito-perverso" (aquele que conhece os limites, mas goza ao violá-los) ou pelo sujeito-psicótico (aquele que não chegou a introjetar a existência de limites).

O imaginário neoliberal, em especial a imagem da concorrência, faz com que a redução das desigualdades seja percebida como a causa de novas desigualdades ou de prejuízos. Em outras palavras, uma imagem negativa é construída a partir de um fenômeno que, em termos civilizatórios, tenderia a ser considerado algo positivo. Essa distorção produzida no registro imaginário, mais precisamente na "imagem que se tem da vida", foi demonstrada em pesquisa realizada nos Estados Unidos: a esperança de vida dos norte-americanos cresceu em seu conjunto, mas, paradoxalmente, reduziu substancialmente a "esperança de vida" dos operários brancos.

A redução da desigualdade racial, a diminuição da invisibilidade social dos negros, em especial o fato de negros e negras passarem a ocupar lugares e alcançarem prestígio antes reservados aos brancos, produz, a partir do imaginário neoliberal do operário branco, a ideia de uma vitória do concorrente/inimigo com a diminuição de uma posição de vantagem (o "privilégio branco"). A imagem da perda desse "privilégio" é, para muitos, percebida como uma declaração de guerra, na medida em que essa posição de vantagem era imaginada como o patrimônio que restou diante das várias precarizações a que esse indivíduo foi submetido.

CAPÍTULO XIV - A NATURALIZAÇÃO DAS OPRESSÕES

Não por acaso, uma das causas que costuma ser apontada para o processo de de-civilização é o conflito e a concorrência entre grupos dominantes, ou que se acreditam superiores, e seus rivais potenciais, ainda que imaginários. Não se trata apenas de um grupo suportar perdas econômicas, essas ameaças à imagem que esses grupos têm de si, leva à nostalgia da imagem anterior e ao desejo de restaurar a antiga ordem, mesmo que esse desejo não guarde qualquer relação com o real. Os movimentos de de-civilização, que se direcionam ao abandono dos limites democráticos, ligam-se à ideia de que esses limites são responsáveis pelo sentimento de ser rebaixado, de ser humilhado.

A imagem que as pessoas têm de si, diante do aumento da concorrência, da perda de segurança e da sensação de rebaixamento, que são efeitos das políticas e da racionalidade neoliberal, torna-se "negativa". Para mudar essa "negatividade", esses grupos, essas pessoas, passam a acreditar na necessidade de romper o pacto civilizatório que favoreceu aos concorrentes/inimigos. Para esses grupos dominantes, e mesmo para os detentores de poucos privilégios (como, por exemplo, o privilégio de ser "homem" ou "branco"), os valores, princípios, regras e critérios de comportamentos civilizados perdem frequentemente seu significado e se tornam disfuncionais se o respeito a esses limites puder representar um risco aos seus poderes ou privilégios.

A de-civilização bolsonarista, em certo sentido, pode ser tida como a expressão de um combate por determinadas posições de superioridade, valores e privilégios. Em nome de vantagens, da vitória na luta concorrencial entre pessoas que se acreditam empresas, os antigos defensores da civilização (inclusive aqueles que se tornaram "dominantes" em razão das regras civilizatórias) tornam-se bárbaros. O devir bárbaro, portanto, liga-se intimamente à lógica da concorrência e ao imaginário neoliberal. O neobárbaro é a pessoa que tem de si a imagem de uma pessoa ameaçada, depreciada e explorada pelo outro (por exemplo, o beneficiário de um programa social, o negro que ascendeu socialmente etc.).

A distorção imaginária fica ainda mais evidente, quando se percebe que a imagem da assimilação neoliberal dos negros, como das pautas feministas, é também uma construção imaginária (ideológica). O encarceramento em massa da população negra, a dominação patriarcal, a estigmatização tanto dos negros quanto das mulheres, são sintomas de que a ameaça à "hegemonia branca" não passa de uma ilusão. Na realidade, o imaginário neoliberal produz um velamento sobre a responsabilidade das políticas neoliberais na precarização da vida de todos, brancos e negros.

O imaginário neoliberal produz também o esquecimento (a ausência de imagens) das consequências das políticas neoliberais, bem como do fato de que a regressão civilizatória é uma consequência necessária de um projeto comprometido com a ilimitação na busca por lucros e outras vantagens. O "progresso" neoliberal traz em si uma regressão da civilização. Cria-se uma "modernização regressiva", que se mostra compatível com a assimilação de pautas identitárias, mas que necessita da manutenção da desigualdade para ampliar as margens de lucro. Dá-se, então, a apropriação neoliberal da igualdade cultural e jurídica das minorias sexuais e étnicas, reduzindo a maioria dos militantes dessas causas a meros consumidores "satisfeitos", enquanto os direitos sociais são fragmentados, as relações de trabalho são precarizadas e o mercado é desregulamentado. Como explica Oliver Nachtwey, essa "modernização regressiva" se traduz, normalmente, através da imagem de "uma igualdade horizontal de grupos com traços característicos diferentes (pertencimento sexual ou étnico, por exemplo) e, simultaneamente, por novas desigualdades e discriminações verticais", com repercussões no campo da normatividade neoliberal.

Tem-se, então, que reconhecer o imaginário neoliberal como condição de possibilidade para compreender a mutação da ideia moderna de civilização para a imagem neoliberal de civilização (o que, em realidade, poderia ser chamada de de-civilização). A imagem da sociedade "como uma empresa constituída de empresas" dá ensejo a uma nova normatividade e leva a uma nova ideia de "civilização", uma vez que a ideia hegemônica até meados do século 20 não interessava ao projeto de acumulação ilimitada e de exploração a que aderiram os detentores do poder econômico. Se a ideia de civilização foi construída em razão de uma mutação do conjunto das estruturas sociais e da imagem-de-si do indivíduo, com a constatação de que a existência de limites

CAPÍTULO XIV - A NATURALIZAÇÃO DAS OPRESSÕES

são importantes para a vida em sociedade (uma vida em "comum"), o que acabou gerando uma nova economia psíquica, um novo *habitus* psíquico que exigia a renúncia da satisfação imediata dos desejos e interesses de cada um, o imaginário neoliberal (a imagem da sociedade como um empresa formada por outras empresas) faz desaparecer essa auto-regulamentação individual. O "não", como o significante do limite, por ser um obstáculo ao lucro, perde potência em meio aos cálculos de interesse.

Em razão dos limites civilizatórios respeitados durante os governos do Partido dos Trabalhadores (e, em menor medida, também nos governos do PSDB), certos grupos perderam parte de seus privilégios e os detentores do poder econômico passaram a encontrar novos obstáculos e uma redução da margem de lucro. A partir do imaginário neoliberal, contudo, surge uma autorização para afastar qualquer limite. Os constrangimentos sistêmicos neoliberais passam a substituir os constrangimentos civilizatórios: instaura-se um verdadeiro processo de destruição da cultura em favor da realização dos interesses. A política cultural do governo Bolsonaro é apenas um exemplo.

O egoísmo passa progressivamente a substituir a solidariedade no campo social. A imagem positiva do "individualismo", ligada à autonomia do sujeito, gerada no curso do processo civilizatório, dá lugar ao egoísmo (agora, transformado em virtude) que é um dos efeitos da desconstrução tanto da imagem positiva do Estado Social quanto das reservas de solidariedade.

Com isso, o medo, ligado ao risco de decadência social, e o ressentimento, relacionado à perda concreta de "privilégios", que antes eram relativizados diante da imagem positiva dos avanços civilizatórios, hoje, passam a pautar as ações individuais e as opções políticas. Crescem, assim, as versões hiper-autoritárias do neoliberalismo e intensifica-se o processo de-civilização, isso porque o indivíduo neoliberal, que se percebe abandonado, não encontra compensações a esses riscos de perdas materiais e simbólicas em seus cálculos de interesse.

Enquanto isso, o processo de de-civilização torna-se atrativo do ponto de vista de quem lucra com o neoliberalismo: os detentores do poder econômico. Mesmos as crises financeiras geradas pela adoção de políticas econômicas neoliberais tornam-se fonte de lucros para as elites. Mesmo as perdas financeiras e as precarizações vivenciadas pelos indivíduos são incapazes de modificar a racionalidade neoliberal ou alterar o respectivo imaginário. Em meio ao ressentimento, à cólera, ao medo e às perdas materiais, o mercado continua a ser a imagem de referência para todos os domínios da vida, enquanto os indivíduos são constrangidos a performatizar como empresas, participar do jogo da concorrência/competição, superar os concorrentes/inimigos, otimizar suas competências, sublimar suas emoções etc. O imaginário neoliberal potencializa os efeitos dos constrangimentos sistêmicos ao produzir a imagem de que as perdas, os aviltamentos, as humilhações e os fracassos devem ser imputados exclusivamente à própria pessoa (a uma falha da gestão do empresário-de-si).

Capítulo XV
A REVOLUÇÃO CULTURAL BOLSONARISTA

Acreditar que os crimes e a barbárie nazista foram obras de monstros e loucos, de uma época e de um país distantes, é algo que conforma e tranquiliza as consciências. Todavia, não faltam sinais a apontar o equívoco dessa crença. Em importante pesquisa, publicada em 1950, Theodor Adorno, Daniel Levinson, Nevitt Sanford e Else Frenkel-Brunswild revelam que as convicções políticas, econômicas e sociais de grande parte da população norte-americana eram muito próximas da visão de mundo dos alemães que aderiram ao nazismo. Não se pode, ainda, ignorar a recepção calorosa que diversas personalidades de países como os EUA e o Brasil deram aos discursos e posicionamentos políticos de Adolf Hitler antes do início da Segunda Grande Guerra.

As convicções dos nazistas, compartilhadas por pessoas de diversas partes do mundo, iam ao encontro de preconceitos enraizados nas sociedades, bem como forneciam respostas simples (e, no mais das vezes, ineficazes) para medos compartilhados pela população. A crise econômica, a perda de *status* e a fome de parcela considerável da população serviam para dar credibilidade à leitura, distorcida pela lente nazista, de que o povo e os valores alemães estavam ameaçados por fenômenos tão distintos quanto a revolução francesa e o comunismo soviético, os comerciantes judeus e o direito romano. Não se pode estranhar, portanto, que tanta gente, dentro e fora da Alemanha, tenha acreditado que as medidas e posições políticas adotadas pelos nazistas eram não só naturais como também necessárias à sobrevivência. O resultado dessa adesão acrítica ao projeto nazista é conhecido (e lamentado) por muitos.

Todavia, não é preciso muito esforço para perceber a semelhança entre a ilimitação nazista e a rejeição do bolsonarismo a qualquer limite externo (ético, jurídico, científico etc.). De igual sorte, tanto quanto os atuais ideólogos bolsonaristas, os nazistas apostavam em cálculos de interesse e na "técnica" como parte importante de sua ideologia. Hoje, se substituirmos as ideias de "raça alemã" e "lei do sangue" por "tradicional família brasileira" e "moral brasileira" ou a demonização dos "judeus" pela de "esquerdistas", "gays" e "lésbicas", alguns discursos frequentes nos anos 1930 na Alemanha pareceriam estranhamente familiares.

Para além do crescimento de movimentos explicitamente neonazistas, há um grande perigo em ignorar o modo de pensar e agir que levou ao nazismo, o que dele ainda permanece nas sociedades contemporâneas e a forma como esse conjunto discursivo, normativo e ideológico é atualizado e reproduzido nos dias de hoje. Por evidente, não basta perceber o ridículo que se revela em performances escandalosamente copiadas da estética nazista, como a do ex-secretário de cultura de Jair Bolsonaro, mas de compreender e desvelar o perigo que se esconde em discursos e práticas que partem das mesmas premissas, perversões e princípios que inspiraram os criminosos nazistas.

No recente (e polêmico) livro Libres d'obéir: le management, du nazisme à aujoud'hui(Gallimard, 2019), o historiador francês Johann Chapoutot revela que várias práticas de gestão neoliberal se desenvolveram durante o auge do III Reich. Ideias e exigências como as de flexibilidade, elasticidade, capital humano e performance estavam presentes nas diretivas de nazistas importantes como Herbert Backe. Backe, como muitos outros nazistas (e como muitos dos gestores e empreendedores de hoje), acredita que o mundo era uma arena em que tudo era válido para vencer. Algo muito parecido ocorre também no governo de Jair Bolsonaro.

CAPÍTULO XV - A REVOLUÇÃO CULTURAL BOLSONARISTA

O caso de Reinhard Höhn (1904-2000) é significativo. Jurista e intelectual tecnocrata à serviço do III Reich, Höhn alcançou o posto de general (*Oberführer*) e, após o fim da guerra, fundou o principal instituto de gestão da Alemanha, que acolheu ao longo de décadas a elite econômica e patronal do país. Se é verdade que o conceito de gestão é anterior ao nazismo, não há como negar que durante os doze anos do III Reich as técnicas de gestão de recursos e de pessoal sofreram profundas modificações, que serviram de modelo para as teorias e práticas no pós-guerra.

Na Alemanha, uma das questões que acompanharam o surgimento do partido nazista (e que consta do ponto 19 do programa do NSDAP) foi a da crença de que era preciso resgatar o antigo direito germânico para afastar os obstáculos criados pelo direito romano à grandeza da Alemanha. Nesse contexto, surge a ideia do "guardião do Direito" em oposição ao "jurista", um intérprete "fraco" atrelado à tradição do direito romano. Em apertada síntese, o "guardião do Direito" tinha a função de fazer coincidir o direito e a vontade do povo. O Direito na Alemanha nazista era apresentado como o direito que atendia à voz das ruas e "servia ao povo", enquanto o guardião do Direito era o responsável tanto por atender a vontade do povo (muitas vezes expressa pelo *Führer*) quanto por fazer com que o afeto e o instinto, bem como a cólera popular diante de um crime, se tornassem vias de acesso à norma.

O Ministro da Justiça de Bolsonaro, em suas falas, reafirma a mesma crença dos guardiões do Direito. Também é possível perceber nos diversos tribunais brasileiros esse confronto entre os juristas (que aplicam o direito a partir do reconhecimento da existência de limites legais, éticos, epistemológicos e até semânticos ao exercício do poder) e aqueles que se pretendem os novos "guardiões do direito", intérpretes privilegiados da "voz das ruas" e que, não raro, buscam legitimidade a partir da manipulação de ressentimentos e cóleras populares. Não por acaso, juristas alinhados ao nazismo alemão, como Carl Schmitt, voltaram a ser citados com frequência na jurisprudência brasileira para fundamentar o afastamento de direitos e de garantias fundamentais em nome de um "interesse maior" (como o "combate à corrupção", argumento que também era usado nas propagandas nazistas).

Uma das desculpas à inércia diante do agigantamento do Estado Nazista era a de que as pessoas desconheciam que aquele projeto político levaria ao holocausto e à destruição humana em escala industrial. Hoje, essa desculpa não pode mais ser usada para o bolsonarismo. Mais do que um projeto de poder, o nazismo pretendeu instaurar uma espécie de revolução cultural, como aparece no livro de Johann Chapoutot, La révolution culturalle nazie (Gallimard, 2017), ou seja, um modo de pensar e atuar capaz de naturalizar as medidas necessárias ao projeto e à visão de mundo nazista. As ameaças, cada vez mais próximas, de retorno da barbárie parecem indicar que elementos desse modo de pensar e agir continuam presentes nas sociedades. Identifica-los é necessário para reagir à escalada autoritária.

O que aconteceu no país de Machado de Assis, Cartola e Nise da Silveira para que a defesa da tortura, a demonização da solidariedade e o ódio ao conhecimento acabassem naturalizados? O que tornou possível que ideias grotescas, racistas, homofóbicas e sexistas se tornassem novamente críveis aos olhos de parcela considerável da população, inclusive de alguns detentores do poder político, a ponto de serem verbalizadas sem qualquer pudor? Como figuras como Ustra, Hitler, Franco e Pinochet voltaram a ter admiradores no Brasil? A resposta a essas indagações parece estar ligada à ideia de que uma série de atores sociais deram início a uma espécie de revolução cultural. Uma revolução que retoma o sentido pré-revolucionário do termo: o de voltar às origens, o que, no caso brasileiro, significa uma volta a uma visão de mundo que reforça preconceitos e a desigualdade social.

No Brasil, para alcançar os seus projetos políticos e satisfazer os seus interesses econômicos, um grande número de políticos, empresários, jornalistas, juristas, ideólogos e intelectuais foram, pouco a pouco, moldando uma visão de mundo em que os limites jurídicos e éticos ao exercício do poder passaram a ser percebidos como obstáculos a serem suplantados. Para a realização desses interesses pessoais tornou-se imprescindível afastar conceitos morais, jurídicos, religiosos e éticos presentes na sociedade e que impediam (ou, pelo menos, diminuíam) a exteriorização de atos preconceituosos e flagrantemente egoístas. Essa visão de mundo, difundida por políticos, influenciadores sociais e pela indústria cultural,

CAPÍTULO XV - A REVOLUÇÃO CULTURAL BOLSONARISTA

fez do egoísmo e da violência virtudes, enquanto a solidariedade e o diálogo passaram a ser apresentados como fraquezas.

O retorno e a busca por hegemonia de uma visão de mundo que se mostra compatível com a ideologia escravagista, a heteronormatividade compulsória, o darwinismo social e a demonização do conhecimento permitiram refundar as relações sociais, a norma jurídica e a interpretação dos fatos, bem como relativizar a verdade e, inclusive, reescrever a história. Apenas a revolução cultural em curso permite, por exemplo, explicar a aceitação de teses como a da ausência do racismo ou a da "ditabranda" no Brasil.

A tarefa dos "revolucionários culturais" foi facilitada no Brasil pela ausência de uma cultura democrática, pelo déficit educacional e por preconceitos enraizados na sociedade brasileira. Os preconceitos não surgiram agora, mas o dique de contenção normativo (ético, jurídico, epistemológico etc) foi aberto. Também o medo de perder privilégios (alguns, existentes apenas no plano imaginário) facilitou a transformação de pessoas comuns em defensores da barbárie. Um dos efeitos dessa "revolução" é o desaparecimento de qualquer sinal de solidariedade de classe ou de respeito à diferença. O outro é reduzido às imagens do "concorrente" ou do "inimigo". Aumentam os atos de racismo e de machismo. O ódio vira mercadoria tanto nas redes sociais e nas ruas. A ode à ignorância substitui a vontade de saber.

Capítulo XVI

O BOLSONARISMO JUDICIAL: A TRADIÇÃO AUTORITÁRIA E O MODO NEOLIBERAL DE JULGAR

No imaginário democrático, o Poder Judiciário ocupa posição de destaque. Espera-se dele a solução para os conflitos e os problemas que as pessoas não conseguem resolver sozinhas. Diante dos conflitos intersubjetivos, de uma cultura narcísica e individualista (que incentiva a concorrência e a rivalidade ao mesmo tempo em que cria obstáculos ao diálogo), de sujeitos que se demitem de sua posição de sujeito (que se submetem sem resistência ao sistema que o comanda e não se autorizam a pensar e solucionar seus problemas), da inércia do Executivo em assegurar o respeito aos direitos individuais, coletivos e difusos, o Poder Judiciário apresenta-se como o ente estatal capaz de atender às promessas de respeito à legalidade descumpridas tanto pelo demais agentes estatais quanto por particulares. E, mais do que isso, espera-se que seus integrantes sejam os responsáveis por exercer a função de guardiões da democracia e dos direitos.

A esperança depositada, porém, cede rapidamente diante do indisfarçável fracasso do Sistema de Justiça em satisfazer os interesses daqueles que recorrem a ele. Torna-se gritante a separação entre as expectativas geradas e os efeitos da atuação do Poder Judiciário no ambiente democrático. Ao longo da história do Brasil, não foram poucos os episódios em que juízes, desembargadores e ministros das cortes superiores atuaram como elementos desestabilizadores da democracia e contribuíram à violação de direitos, não só por proferirem decisões contrárias às regras e aos princípios democráticos como também por omissões.

A compreensão da democracia como um horizonte que aponta para uma sociedade autônoma construída a partir de deliberações coletivas, com efetiva participação popular na tomada das decisões políticas e ações voltadas à concretização dos direitos e garantias fundamentais, permite identificar que, não raro, o Poder Judiciário reforça valores contrários à soberania popular e ao respeito aos direitos e garantias fundamentais, que deveriam servir de obstáculos ao arbítrio, à opressão e aos projetos políticos autoritários. Nos últimos anos, para dar respostas (ainda que meramente formais ou simbólicas) às crescentes demandas dos cidadãos (percebidos como meros consumidores), controlar os indesejáveis aos olhos dos detentores do poder econômico, satisfazer desejos incompatíveis com as "regras do jogo democrático" ou mesmo atender a pactos entre os detentores do poder político, o Poder Judiciário tem recorrido a uma concepção política antidemocrática, forjada tanto a partir da tradição autoritária em que a sociedade brasileira está lançada quanto da racionalidade neoliberal, que faz com que ora se utilize de expedientes "técnicos" para descontextualizar conflitos e sonegar direitos, ora se recorra ao patrimônio gestado nos períodos autoritários da história do Brasil na tentativa de atender aos objetivos do projeto neoliberal. Impossível, portanto, ignorar a função do Poder Judiciário na crise da democracia liberal. Uma crise que passa pela colonização da democracia e do direito pelo mercado, com a erosão dos valores democráticos da soberania popular e do respeito aos direitos fundamentais.

Vive-se um momento no qual os objetivos e o instrumental típico da democracia acabaram substituídos por ações que se realizam fora do marco democrático. No Brasil, uma das características dessa mutação antidemocrática foi o crescimento da atuação do Poder Judiciário correlato à diminuição da ação política, naquilo que se convencionou chamar de ativismo judicial, isso a indicar um aumento da influência dos juízes e tribunais nos rumos da vida brasileira. Hoje, percebe-se claramente que o Sistema de Justiça se tornou um *locus* privilegiado da luta política.

Por evidente, não se pode pensar a atuação do Poder Judiciário desassociada da tradição em que os magistrados estão inseridos. Adere-se, portanto, à hipótese de que há uma relação histórica, teórica e ideológica entre o processo de formação da sociedade brasileira (e do Poder Judiciário) e as práticas observadas na Justiça brasileira. Em apertada síntese, pode-se apontar que em razão de uma tradição autoritária, marcada pelo colonialismo e a escravidão, na qual o saber jurídico e os cargos no Poder Judiciário eram utilizados para que os rebentos da classe dominante (aristocracia) pudessem se impor perante a sociedade, sem que existisse qualquer forma de controle democrático dessa casta, gerou-se um Poder Judiciário marcado por uma ideologia patriarcal, patrimonialista e escravocrata, constituída de um conjunto de valores que se caracteriza por definir lugares sociais e de poder, nos quais a exclusão do outro (não só no que toca às relações homem-mulher ou étnicas) e a confusão entre o público e o privado somam-se ao gosto pela ordem, ao apego às formas e ao conservadorismo.

Pode-se falar em um óbice hermenêutico para uma atuação democrática no âmbito do sistema de justiça. Isso porque há uma diferença ontológica entre o texto e a norma jurídica produzida pelo intérprete: a norma é sempre o produto da ação do intérprete condicionada por uma determinada tradição. A compreensão e o modo de atuar no mundo dos atores jurídicos ficam comprometidos em razão da tradição em que estão lançados. Intérpretes que carregam uma pré-compreensão inadequada à democracia (em especial, a crença no uso da força, o ódio de classes e o medo da liberdade) e, com base nos valores em que acreditam, produzem normas autoritárias, mesmo diante de textos tendencialmente democráticos. No Brasil, os atores jurídicos estão lançados em uma tradição autoritária que não sofreu solução de continuidade após a redemocratização formal do país com a Constituição da República de 1988.

Os mesmos atores jurídicos que serviam aos governos autoritários continuaram, após a redemocratização formal do país, a atuar no sistema de justiça com os mesmos valores, a mesma crença no uso abusivo da força, que condicionavam a aplicação do direito no período de exceção. Nas estruturas hierarquizadas das agências que atuam no sistema de justiça, os concursos de seleção e as promoções nas carreiras ficam a cargo dos próprios membros dessas instituições, o que também contribui à reprodução de valores e práticas comprometidos com o passado. O conservadorismo, porém, acabava disfarçado através do discurso da neutralidade das agências do Sistema de Justiça. Interpretações carregadas de valores autoritários eram apresentadas como resultado da aplicação neutra do direito. Basta, por exemplo, prestar atenção em decisões e declarações produzidas por magistrados brasileiros para perceber que essas características se encontram presentes em significativa parcela dos juízes.

Na magistratura brasileira podem ser encontrados, dentre outros sintomas: o **convencionalismo:** aderência rígida aos valores da classe média, mesmo que em desconformidade com os direitos e garantias fundamentais escritos na Constituição da República. Assim, se é possível encontrar na sociedade brasileira, notadamente na classe média, apoio ao linchamento de supostos infratores ou à violência policial, o juiz autoritário tende a julgar de acordo com opinião média e naturalizar esses fenômenos; a **agressão autoritária:** tendência a ser intolerante, estar alerta, condenar, repudiar e castigar as pessoas que violam os valores "convencionais". O juiz antidemocrático, da mesma forma que seria submisso com as pessoas a que considera "superiores" (componente masoquista da personalidade autoritária), seria agressivo com aquelas que etiqueta de inferiores ou diferentes (componente sádico). Como esse tipo de juiz se mostra incapaz de fazer qualquer crítica consistente aos valores convencionais, tende a castigar severamente quem os viola; a **anti-intracepção:** oposição à mentalidade subjetiva, imaginativa e sensível. O juiz autoritário tende a ser impaciente e ter uma atitude em oposição ao subjetivo e ao sensível, insistindo com metáforas e preocupações bélicas e desprezando análises que busquem a compreensão das motivações e demais dados subjetivos do caso. Por vezes, a anti-intracepção se manifesta pela explicitação da recusa a qualquer compaixão ou empatia; o **pensamento estereotipado:** tendência a recorrer a explicações hipersimplistas de eventos humanos, o que faz com que

CAPÍTULO XVI - O BOLSONARISMO JURIDICIAL: A TRADIÇÃO...

sejam interditadas as pesquisas e ideias necessárias para uma compreensão adequada dos fenômenos. Correlata a essa "simplificação" da realidade, há a disposição a pensar mediante categorias rígidas. O juiz autoritário recorre ao pensamento estereotipado, fundado com frequência em preconceitos aceitos como premissas; a **dureza:** preocupação em reforçar a dimensão domínio-submissão somada à identificação com figuras de poder ("o poder sou Eu"). A personalidade autoritária afirma desproporcionalmente os valores "força" e "dureza", razão pela qual opta sempre por respostas de força em detrimento de respostas baseadas na compreensão dos fenômenos e no conhecimento. Essa ênfase na força e na dureza leva ao anti-intelectualismo e à desconsideração dos valores atrelados à ideia de dignidade humana; a **confusão entre acusador e juiz:** é uma característica historicamente ligada ao fenômeno da inquisição e à epistemologia autoritária. No momento em que o juiz protofascista se confunde com a figura do acusador, e passa a exercer funções como a de buscar confirmar a hipótese acusatória, surge um julgamento preconceituoso, com o comprometimento da imparcialidade. Tem-se, então, o primado da hipótese sobre o fato. A verdade perde importância diante da "missão" do juiz, que aderiu psicologicamente à versão acusatória.

De igual sorte, não se pode desconsiderar que o Poder Judiciário se tornou o que Eugênio Raúl Zaffaroni chama de uma *máquina de burocratizar*. Esse processo, que se inicia na seleção e treinamento dos magistrados, pode ser explicado: em parte, porque assim os juízes dispensam a tarefa de pensar (há em grande parcela dos juízes um pouco de Eichmann) e, ao mesmo tempo, ao não contrariar o sistema (ainda que arcaico), evitam a colisão com a opinião daqueles que podem definir sua ascensão e promoção na carreira; em parte, porque há uma normalização produzida pelo senso comum e internalizada pelo juiz, através da qual esse ator jurídico passa a acreditar no papel de autoridade diferenciada, capaz de julgar despido de ideologias e valores. Assume, enfim, a postura que o processo de produção de subjetividades lhe outorgou, o que acaba por condicioná-lo a adotar posturas conservadoras no exercício de suas funções com o intuito de preservar a tradição.

A transformação da tendência conservadora dos atores do sistema de justiça em práticas explicitamente ligadas aos interesses dos detentores do poder econômico se dá a partir da adesão do mundo jurídico à racionalidade neoliberal. Com o empobrecimento subjetivo e a mutação do simbólico produzidos por essa racionalidade, uma verdadeira normatividade que leva tudo e todos a serem tratados como objetos negociáveis, os valores da jurisdição penal democrática ("liberdade" e "verdade") sofrerem profunda alteração para muitos atores jurídicos. Basta pensar no alto número de prisões contrárias à legislação (como as prisões decretadas para forçar "delações"), nas negociações com acusados em que "informações" (por evidente, apenas aquelas "eficazes" por confirmar a hipótese acusatória e que não guardam relação necessária com o valor "verdade") são trocadas pela liberdade dos imputados, dentre outras distorções.

O neoliberalismo é, na verdade, um modo de ver e atuar no mundo que se mostra adequado a qualquer ideologia conservadora e tradicional. A propaganda neoliberal, de fórmulas mágicas e revolucionárias, torna-se no imaginário da população a nova referência de transformação e progresso. O neoliberalismo, porém, propõe mudanças e transformação com a finalidade de restaurar uma "situação original" e mais "pura", onde o capital possa circular e ser acumulado sem limites[29].

A racionalidade neoliberal altera também as expectativas acerca do próprio Poder Judiciário. Desaparece a crença em um poder comprometido com a realização dos direitos e garantias fundamentais. O Poder Judiciário, à luz dessa racionalidade, que condiciona instituições e pessoas, passa a ser procurado como um mero homologador das expectativas do mercado ou como um instrumento de controle tanto dos pobres, que não dispõem de poder de consumo, quanto das pessoas identificadas como inimigos políticos do projeto neoliberal.

O "caso Lula", que desde o início apresentou diversas atipicidades apontadas por juristas brasileiros e estrangeiros, é um exemplo que merece atenção. Como a análise dos autos já indicava, direitos e garantias fundamentais do ex-presidente foram ignorados. Eventuais dúvidas

---

[29] Nesse sentido: LAVAL, Christian. *Foucault, Bordieu et la question néolibérale*. Paris: La Découverte, 2018, p. 226.

CAPÍTULO XVI - O BOLSONARISMO JURIDICIAL: A TRADIÇÃO...

sobre a ilegitimidade do procedimento acabaram após o conhecimento de "conversas", "conselhos" e "ações conjuntas" entre o órgão acusador (MPF) e o juiz da causa (Sérgio Moro, a mesma pessoa que pouquíssimo tempo depois foi transformado em Ministro da Justiça de Jair Bolsonaro), revelados em matérias assinadas pelo premiado jornalista Glenn Greenwald. Valores, regras e princípios básicos da tradição liberal que foram incorporados à ideia de "jurisdição democrática", tais como "imparcialidade", "igualdade entre as partes", "separação entre as funções de julgar e acusar", "Estado Democrático de Direito", "legalidade estrita", dentre outros, foram simplesmente afastados a partir da constatação de que esses princípios, regras e valores poderiam representar obstáculos ao desejo punitivo (e também político) dos atores jurídicos. Para conseguir a condenação do ex-presidente no tempo político almejado, os limites democráticos ao exercício do poder punitivo foram afastados.

O que há de "novo" na relação entre o Poder Judiciário e o fenômeno do bolsonarismo é que este simboliza a união entre o autoritarismo e o projeto neoliberal. Por bolsonarismo Judicial pode-se chamar o fenômeno que engloba a naturalização com que os direitos e garantias fundamentais são violados e as inovações de inspiração neoliberal no Sistema de Justiça, tais como a proliferação de delações premiadas, os cálculos de "produtividade" dos juízes, a aplicação de técnicas de gestão privada ao Poder Judiciário, a flexibilizaçãos das formas processuais (que, no modelo democrático, serviam como garantias contra a opressão estatal), dentre outras mudanças que levam à modificações na cultura da instituição. O que há de novo, e revela a engenhosidade do modelo, é que essa nova forma de governabilidade autoritária do Sistema de Justiça, que surge da crise produzida pelos efeitos do neoliberalismo (desagregação dos laços sociais, demonização da política, potencialização da concorrência/rivalidade, construção de inimigos, desestruturação dos serviços públicos etc.), promete responder a essa crise com medidas que não interferem no projeto neoliberal e, portanto, não alcançam a causa da cólera e do ressentimento da população. Para iludir e mistificar, criam-se inimigos imaginários que não só são apresentados como os responsáveis pelos problemas concretos suportados pela população como também passam a ser alvos do Poder Judiciário.

A burocratização, marcada por decisões conservadoras em um contexto de desigualdade e insatisfação, e o distanciamento dos valores democráticos fazem com que o Judiciário seja visto cada vez mais como uma agência seletiva a serviço daqueles capazes de deter poder e riqueza. Se por um lado, pessoas dotadas de sensibilidade democrática são incapazes de identificar no Poder Judiciário um instrumento de construção da democracia ou de barreira ao arbítrio; por outro, pessoas que acreditam em posturas autoritárias (na crença da força em detrimento do conhecimento, na negação da diferença etc.) aplaudem juízes que atuam a partir de uma epistemologia autoritária.

Não causa surpresa, portanto, que considerável parcela dos meios de comunicação de massa, a mesma que propaga discursos de ódio e ressentimento, procure construir a representação do "bom juiz" a partir dos seus preconceitos e de sua visão descomprometida com a democracia. Não se pode esquecer que os meios de comunicação de massa têm a capacidade de fixar sentidos e alimentar ideologias, o que interfere na formação da opinião pública e na construção do imaginário social acerca do Poder Judiciário. Assim, o "bom juiz", construído/vendido por essas empresas de comunicação e percebido por parcela da população como herói, passa a ser aquele que considera os direitos fundamentais como óbices à eficiência do Estado (ou do mercado). Para muitos, alguns por ignorância das regras do jogo democrático, outros por compromisso com posturas autoritárias, o "bom juiz" é justamente aquele que, ao afastar direitos fundamentais, nega a democracia.

Entender o funcionamento do bolsonarismo Judicial, a versão brasileira do Poder Judiciário para o neoliberalismo ultra-autoritário, passa necessariamente por reconhecer que essa atuação leva à imunização do mercado e dos verdadeiros detentores do poder econômico contra qualquer ameaça ou intervenção externa (e a democracia é vista como uma ameaça). O neoliberalismo, ao mesmo tempo, que faz da ilimitação e da concorrência os modelos normativos a serem seguidos nas relações sociais e nas instituições, produzindo igualmente mudanças na subjetividade, tem também uma "dimensão destrutiva", como bem percebeu Pierre Sauvêtre. Essa dimensão destrutiva visa eliminar tudo aquilo que possa representar um risco à propriedade, ao mercado, à livre circulação

CAPÍTULO XVI - O BOLSONARISMO JURIDICIAL: A TRADIÇÃO...

do capital, ao lucro, enfim, aos interesses dos detentores do poder econômico. E isso pode se dar tanto no que diz respeito à proteção do mercado contra práticas sociais ou políticas democráticas de redistribuição de renda ou regulatórias, quanto na eliminação, inclusive pelo sistema de justiça, dos inimigos do projeto neoliberal através de medidas autoritárias.

As mudanças provocadas no Estado pelo neoliberalismo, entendido não apenas como uma teoria econômica ou como uma mera ideologia, mas como um modo de governabilidade e de subjetivação, que faz do mercado o modelo para todas as relações sociais e da concorrência a lógica a ser seguida pelos indivíduos, transformou o Poder Judiciário em uma empresa que percebe os direitos e garantias fundamentais, as teorias jurídicas e as formas processuais como obstáculos à eficiência repressiva do Estado e ao livre funcionamento do mercado (ou seja, aos ganhos dos detentores do poder econômico).

A ausência de uma cultura democrática, a falta de uma compreensão acerca da necessidade de limites jurídicos e éticos ao exercício do poder, facilita a transformação do Estado em empresa, com juízes reproduzindo em suas atuações a ilimitação típica do capitalismo. Se o que importa é sempre aumentar o capital e vencer a concorrência (o que amplia a rivalidade entre os indivíduos e transforma parcela da sociedade em "inimigos"), juízes de todo o Brasil passaram a atuar sem compromisso com a legalidade estrita (correlato ao sistema de freios e contrapesos entre os órgãos estatais), princípio historicamente construído com objetivo de evitar o arbítrio e a opressão.

Com o desaparecimento dos vínculos legais que estabeleciam "quem pode" e "como se deve decidir", bem como "o que se deve" e "o que não se deve" decidir, instaurou-se uma espécie de vale-tudo normativo no qual juízes passam a criar, em um tipo procedimento paranoico, pautado por certezas (por vezes, delirantes) e preconceitos, as soluções dos casos postos à apreciação judicial.

A vitória eleitoral de Jair Bolsonaro, a partir da manipulação do ressentimento e da cólera presentes na sociedade brasileira, revela-se plenamente compatível com esse novo neoliberalismo ultra-autoritário, que visa a ilimitação e abusa do poder, e que precisa de um Poder Judiciário capaz de exercer tanto a gestão dos interesses dos detentores do poder econômico quanto o controle da população indesejada (mais precisamente, os pobres e os inimigos políticos do projeto neoliberal). Afinal, não deve causar surpresa que uma sociedade que aceita o afastamento dos direitos fundamentais vote em um candidato que defende a tortura e homenageia torturadores.

Capítulo XVII
UM SUB-TRUMP NOS TRÓPICOS

A vitória eleitoral de Jair Bolsonaro, como a do empresário norte-americano Donald Trump, surpreendeu a muita gente. Mas, não deveria. Na realidade, diante da realidade do Brasil e dos Estados Unidos da América, da trama simbólico-imaginária desses dois países, estranho seria se não ganhassem as eleições presidenciais. Há entre o ex-militar brasileiro e o empresário norte-americano muito em comum. Para Bolsonaro (e, quem se lembra do presidente brasileiro balbuciando "I love you" para o norte-americano, sabe disso), Trump é muito mais do que uma inspiração.

Há, por evidente, considerações ligadas à visão de mundo hegemônica que condiciona o modo de compreender e de votar tanto no Brasil quanto nos Estados Unidos da América. A busca por sucesso e o lucro sem limites que direciona a ação da maioria das pessoas, bem como a dessimbolização que faz com que valores como a verdade e a solidariedade percam importância, são fenômenos que permitiram a viabilidade político-eleitoral de personagens como Trump e Bolsonaro. Identificar o simbólico e o imaginário que compõem a realidade do mundo contemporâneo é fundamental para compreender como esses dois candidatos que negam o ideal de "liberdade, igualdade e fraternidade" tornaram-se tão poderosos.

O poder da racionalidade neoliberal, que produz um simbólico e um imaginário favoráveis a pessoas como Trump (uma "marca" que assume o posto de presidente de um país) e Bolsonaro (um exemplar do "homem simples autoritário" brasileiro), reside no fato de ela ser percebida como a única via possível para compreender e atuar no mundo comtemporâneo. O capitalismo, com a derrocada do chamado "comunismo real" (uma distorção burocrática, tão ruim quanto o capitalismo e que rapidamente se afastou do princípio revolucionário do "comum"), aparece e é percebido como o único destino possível da espécie humana.

O sujeito, o mesmo que votou em Trump e em Bolsonaro, percebe que só tem valor se conseguir ser um proprietário de capitais. Mesmo quando ocupa a posição de assalariado, sabe que precisa vencer, e se preciso eliminar, os outros assalariados para conseguir vantagens pessoais, acumular e se tornar um proprietário. Em todo caso, esse sujeito, que passa a se ver como um capital ou um empresário-de-si, é forçosamente também um consumidor que compra nos mercados os meios de sua subsistência. Por fim, se o sujeito não é proprietário, nem é assalariado ou consumidor, ele sabe que não vale nada, reconhecendo-se como mais um indesejável e ser descartável.

Tanto o proprietário quanto o assalariado sabem o "valor" que possuem na sociedade contemporânea. E o indesejável também. O indesejável naturaliza esse estado de coisas e, por vezes, recorre ao crime para se tornar proprietário e/ou consumidor.

Essa inevitabilidade de uma outra via ao capitalismo torna-se uma evidência: não necessita de provas. Todo governante, portanto, deve partilhar dessa visão de que o capitalismo é o caminho e o destino da humanidade. E, de fato, no mundo contemporâneo, uma liderança política não é tolerada por muito tempo como chefe de Estado se não aceita essa evidência, Ao buscar produzir mudanças, ainda que bem pequenas (como os recentes exemplos de Dilma Rousseff e Evo Morales deixam claro), colocam-se em risco. Como recorda relembra Alain Badiou,[30] pode-se afirmar que "nenhum governante, em nenhuma parte do mundo, pode dizer outra coisa, a menos que deseje provocar uma crise que levará a sua queda".

---

[30] BADIOU, Alain. *Trump*. Paris: PUF, 2020.

CAPÍTULO XVII - UM SUB-TRUMP NOS TRÓPICOS

Na atual fase do capitalismo, não há verdadeira autonomia para um governante eleito, como comprovam as chantagens e pressões internacionais sobre o governo do Syriza na Grécia. Há uma normatividade neoliberal que precisa ser seguida e todos aqueles que tentam agir de maneira diferente tornam-se também indesejáveis e passam a ser tratados como inimigos a serem destruídos.

O papel dos Estados, então, fica resumido ao de proteger o mercado, os detentores do poder econômico, gerir os indesejáveis e, portanto, manter as ilegalidades e desigualdades provocadas pelo funcionamento normal do capitalismo em estado puro, sem limites. Com isso, desaparecem diferenças significativas entre os governantes. Quem ousa fazer um pouco diferente, diante dos ataques, recua ou cai. Novamente com Alain Badiou, pode-se afirmar que, pouco a pouco, a totalidade da oligarquia política passa a formar um único grupo formado por pessoas que, com pequenas diferenças, buscam vencer a competição por "melhores lugares", mas que têm a mesma ideia do destino da humanidade.

Assim, tanto nos EUA quanto no Brasil, as grandes oposições tradicionais entre direita e esquerda, democratas e republicanos, trabalhistas e conservadores, nacionalistas e globalistas, se tornaram puras abstrações. As diferenças no plano dos discursos deixaram de representar diferenças significativas na prática política. No Brasil, a pequena mudança de orientação dada pelo governo do Partido dos trabalhadores foi suficiente para o golpe contra Dilma Rousseff. Nos Estados Unidos da América, tentativas de fazer diferente, como a candidatura de Bernie Sanders nas prévias do Partido Democrata, são bombardeadas por todos os lados.

Diante do risco de queda dos governantes, todas as decisões políticas são tomadas a partir da mesma visão de mundo, da mesma racionalidade que percebe tudo e todos como objetos negociáveis. Os governantes buscam tão-somente conservar um bom espaço no interior do "monstro capitalista" (Badiou). Políticos, das mais variadas tendências, querem se tornar "jogadores" respeitados dentro das regras do jogo neoliberal.

A questão torna-se complicada porque, ao seguirem as regras do jogo neoliberal, esses governantes são responsáveis pela produção de efeitos que levam à desestruturação da sociedade e por gerarem sofrimentos concretos aos indivíduos. A pandemia da COVID-19, por exemplo, desvelou as consequências do desmantelamento da saúde pública nos países submetidos ao projeto neoliberal. E os efeitos do neoliberalismo fazem com que a oligarquia política do mundo ocidental perca poder político na medida em que provocam frustrações, ressentimentos e revoltas.

Diante da crença de que não existe uma alternativa racional ao neoliberalismo, a crise gerada pelo funcionamento normal de um governo neoliberal faz com que parcela significativa da população passe a procurar respostas à crise em propostas irracionais, em falsas novidades ou em visões míticas do passado. Para se apresentar como uma falsa oposição ao neoliberalismo *cool*, políticos se apresentam como defensores de proposições violentas, preconceituosas e demagógicas em performances que, muitas vezes, se assemelham aos modelos adotados por gangsters, pela máfia e, no Brasil, pelas milícias. Assim, nasce o neoliberalismo ultra-autoritário.

Bolsonaro e Trump, apesar de figurarem no cenário político há muitos anos, se apresentaram como essas "novidades políticas" que exploram os preconceitos e a crença na violência. Não há, porém, como ignorar que essas "novidades políticas" se aproximam da velha postura dos agitadores fascistas nos anos 1930.

Donald Trump e Jair Bolsonaro defendem posições autoritárias, sexistas, racistas e anti-intelectualistas, mas, para além das semelhanças no discurso dos dois presidentes, é possível apontar uma relação sadomasoquista entre eles. Sádica, da parte de Trump, e masoquista, por conta de Bolsonaro. Aliás, uma das características da personalidade autoritária é esse caráter sadomasoquista presente nas relações intersubjetivas: o autoritário é sádico com as pessoas que considera inferiores e masoquista em relação as que julga superiores.

De um modo geral, agitadores autoritários, como Trump e Bolsonaro, recorrem a discursos que manipulam preconceitos já sedimentados na sociedade e que não precisam estar apoiados em conteúdos

CAPÍTULO XVII - UM SUB-TRUMP NOS TRÓPICOS

coerente. Em falas impulsivas, esses personagens conseguem dar a impressão de que são algo diferente, de que são "espontâneos" como um político tradicional não consegue ler. Ainda que inseridos no universo neoliberal, Trump e Bolsonaro se apresentam como algo novo. Em apertada síntese, o velho é apresentado como o novo, a regressão civilizacional como uma nova via.

Mesmo após as vitórias eleitorais, tanto Bolsonaro quanto Trump mantiveram a postura da época das campanhas, com manifestações injuriosas, discursos de ódio, ameaças às liberdades, reafirmação de preconceitos e manifestações de ódio aos jornalistas. Muito do que dizem serve para entreter e tirar o foco dos problemas reais de seus governos. O ridículo e o absurdo funcionam para os dois como um método para distrair. Tudo isso, vale dizer, reforçando uma cena política com loucos, maníacos religiosos, pseudo-nacionalistas, corruptos e quase-gansgsters, como descreveu Badiou ao tentar explicar o governo de Donald Trump.

Capítulo XVIII
BOLSONARO COMO MITO

Na construção da imagem política de Jair Bolsonaro, a ideia de mito ocupou espaço de destaque. Na percepção de parte do seu eleitorado, Bolsonaro seria um personagem extraordinário, com toques heroicos e que incorpora forças extraordinárias.

A campanha de Bolsonaro foi baseada em uma fantasia, em que ele seria o personagem responsável por realizar os desejos infantis de seus eleitores. A fantasia, por definição, é um substituto da realidade. Bolsonaro era o velho que foi apresentado como novo, o militar insubordinado que foi vendido ao eleitorado como um defensor da ordem etc. Produzido como uma mercadoria, o candidato Bolsonaro era apresentado, em especial aos mais jovens, como pura positividade.

A negatividade inerente à personalidade de de Jair Bolsonaro, que não podia ser facilmente escondida, foi repaginada e apresentada ao eleitor como sinal de "simplicidade", "humildade" e "bom humor". Construiu-se a imagem de Bolsonaro como um homem "simples", portador da simpatia, dos preconceitos e do autoritarismo típicos do brasileiro, e, ao mesmo tempo, como um personagem extraordinário da política brasileira, o "herói" que iria colocar o Brasil "acima de tudo".

Mas, Bolsonaro é também um mito em outro sentido.

Mito é um termo polissêmico que abarca diversos significados. Para alguns, o mito é um produto inferior ou deformado da atividade intelectual; outros, porém, vislumbram no mito uma forma distinta, embora autêntica, de vida, que tem no sentimento o seu substrato real, isso porque na narrativa mitológica a coerência depende mais do sentimento do que de regras lógicas. Há, ainda, aqueles que associem o mito à mentira e à deformação do pensamento. O mito traria, então, uma narrativa que se opõe à verdade e ao pensamento racional-científico.

O significante "mito" pode indicar tanto uma fábula quanto uma ilusão, ou mesmo um componente discursivo ligado a uma tradição antiga. Em todos esses casos, o mito funciona como um veículo de transmissão de significados e valores. Em uma sociedade autoritária, os mitos autoritários cumprem a função de "justificar" o autoritarismo.

A origem do mito já foi relacionada com o desejo de explicar fenômenos incompreensíveis e com a projeção de desejos inconscientes comuns a um grupo de pessoas. Nesses casos, o mito representaria uma explicação para aquilo que não se consegue explicar no plano racional. O mito, então, surge da falta, ocupando o lugar daquilo que não é explicável.

Bolsonaro representa um mito na maioria dos sentidos acima. O sucesso político de Jair Bolsonaro pode ser encarado como um produto inferior ou deformado da atividade intelectual da maioria de seus eleitores. No sucesso eleitoral de Bolsonaro há mais de adesão a sentimentos comuns à sociedade brasileira do que de respeito às regras da lógica. De igual sorte, o discurso de Bolsonaro sempre esteve ligado à mentira e à deformação do pensamento. Não por acaso, a difusão de *fake news* e o ataque ao conhecimento ocuparam papel fundamental na eleição do "mito" à presidência, bem como ajudam a explicar a aprovação de seu governo por aproximadamente um terço da população brasileira.

Em certo sentido, o mito é uma ponte entre o racional e as pulsões, isso porque através do mito se procura justificar pulsões que não encontram limites na ideia de civilização. No mito confluem duas funções contrapostas: revelar e ocultar as pulsões (e os objetivos das pulsões). No mito encontra-se o manifesto e o latente. Assim, Bolsonaro aparece

CAPÍTULO XVII - BOLSONARO COMO MITO

como o político que vai restabelecer a ordem (manifesto), o que para muitos significa retornar tanto a uma concepção antidemocrática de Estado quanto a privilégios sexistas, racistas, culturais e econômicos de parcela da população (latente). Em Bolsonaro, o "manifesto" serve para ocultar aquilo que não pode ser verbalizado (o latente).

Em Lacan, o mito é apresentado como "um enunciado do impossível" e como algo que produz efeito da verdade. Um semi-dizer. Uma fala que substitui uma falta. O mito é o que se diz no lugar daquilo que não pode ser dito. Nesse sentido, Bolsonaro é, de fato, um mito. Vota-se em Bolsonaro porque não se pode dizer o que se quer conseguir com esse voto. O apoio manifesto a Bolsonaro esconde o que não pode ser dito e justifica esse apoio.

Não por acaso, Bolsonaro nunca possuiu, e nem precisava ter, propostas de governo, apenas ações direcionadas ao reforço de preconceitos sedimentados na sociedade e à mobilização contra a oposição, o sistema político e a mídia. Pessoas envergonhadas de apoiar explicitamente Bolsonaro, votavam nesse candidato sob a justificativa de que era a única opção contra o "Partido dos Trabalhadores". Na realidade, na grande maioria desses casos, a opção de voto, ainda que envergonhada, escondia o desejo pelo retorno tanto de uma concepção de Estado mais autoritária quanto da liberdade para práticas racistas, sexistas e homofóbicas. O mito Bolsonaro aparece como representante de conteúdos proibidos e, por vezes, inconscientes.

O Brasil de hoje pode ser explicado em razão de ter sido, desde o início, explorado por potências estrangeiras, na medida em que a produção sempre foi voltada à exploração, e, principalmente, pelo caráter escravista dessa exploração. A naturalização da opressão e da hierarquização entre pessoas da sociedade brasileira podem ser explicadas a partir da escravidão. Em outras palavras, a escravidão gestou a articulação sociocultural brasileira, tornando-se a marca da sociabilidade brasileira. Diante desse contexto, de um passado que sempre se fez presente, o mito Bolsonaro aparece como uma desculpa para manter a exploração do país por grupos econômicos internacionais e a hierarquização entre as pessoas.

Capítulo XIX
BOLSONARO COMO SINTOMA

Se Bolsonaro, como mito, substitui algo que não pode ser dito, ele também pode ser compreendido como um sintoma da sociedade brasileira. O sintoma é, antes de tudo, uma verdade travestida de mentira. Bolsonaro é um engodo capaz de revelar muito da sociedade brasileira.

A compreensão e análise do sintoma, que pode ser tomado também como o elemento central de um paradigma ou de um modelo epistemológico, pode ajudar a sair dos incômodos, comuns às análises sobre o fenômeno Bolsonaro, da contraposição entre "racionalismo" e "irracionalismo".

Perceber Bolsonaro como um sintoma permite não superestimar as características mais vistosas do personagem Jair Bolsonaro, que podem ser objeto de esforço pessoal e produtos de marketing político, e examinar os pormenores mais negligenciáveis, os detritos ou refugos, que traem a "imagem oficial". Buscar o sintoma é pesquisar elementos subtraídos ao controle da consciência, aquilo que escapa a Bolsonaro sem que ele se dê conta.

Em Lacan, o sintoma aparece como o significante de um significado recalcado, proibido à razão. Há nele sempre algo que se encontra velado. O sintoma, como o mito, explicita e esconde. Trata-se de um saber que o sujeito se recusa a reconhecer.

Há uma espécie de satisfação paradoxal na insistência do sintoma. O sintoma vem à luz para satisfazer parte daquilo que, em princípio, não teria satisfação. Em um certo sentido, o sintoma é um modo de gozo. Goza-se com aquilo que surge a partir do interditado. Se não é possível gozar com o real, goza-se com o sintoma produzido a partir dele.

O sintoma é também um fenômeno que leva à invenção de um sujeito ou de uma sociedade. Trata-se de uma solução de compromisso entre o conteúdo recalcado e as forças repressoras presentes em cada indivíduo. Essas "defesas" interditam o real para evitar o sofrimento e a vergonha que ele produziria. O sintoma aparece para tornar suportável aquilo que seria insuportável. Há no sintoma uma explicação cifrada sobre um conteúdo proibido.

Ao se analisar o fenômeno Bolsonaro a partir do paradigma do sintoma é preciso distinguir entre os sintomas individuais que se manifestam em Jair Bolsonaro e os sintomas da sociedade que o elegeu e apoia.

Se o esforço consciente de Jair Bolsonaro é o de construir uma imagem de simpatia, simplicidade e respeito à ordem (para ilustrar, basta recordar a imagem divulgada pelos meios de comunicação de massa do então candidato comendo pão com leite condensado ou os discursos contra a "corrupção"), os sintomas, que escapam ao controle da razão, revelam uma pessoa que tanto não aceita ser contrariada e reage agressivamente quando se sente pressionada (a forma como o presidente Jair Bolsonaro trata a imprensa, ofendendo profissionais ou abandonando entrevistas, é um bom exemplo), quanto um indivíduo que recusa limites éticos e jurídicos (o que salta aos olhos diante da maneira como o presidente trata os escândalos de corrupção que o cercam).

Um sintoma social, por sua vez, corresponderia ao retorno do real no campo social. Aquilo que foi recalcado retorna na forma de um sintoma. O sintoma é condição do social e modo particular de inscrição do sujeito no discurso (laço social).

É como sintoma social que Bolsonaro permite uma espécie de laço entre as pessoas que pode ser chamado de "bolsonarismo". Bolsonaro é a

CAPÍTULO XIX - BOLSONARO COMO SINTOMA

solução de compromisso entre, de um lado, pulsões, preconceitos e sentimentos inconfessáveis ou interditados, e, de outro, as normas e defesas sociais que visam evitar o sofrimento. A vitória eleitoral de Bolsonaro permite conhecer algo da sociedade brasileira que ela mesmo se recusa a reconhecer. A crença na violência, o racismo, o machismo, a homofobia e o anti-intelectualismo retornam na forma de voto e apoio a Bolsonaro.

O sintoma se faz presente no simbólico e no imaginário. No simbólico, ao reter um saber recusado pelo sujeito ou pela sociedade; no imaginário, ao se relacionar com as imagens ou ideias hegemônicas em um determinada contexto. Por fim, o sintoma é o resultado do trabalho de cada sujeito ou de um grupo de sujeitos para dar conta do Real.

Bolsonaro, como sintoma social, situa-se na confluência entre o real, o simbólico e o imaginário. Jair Bolsonaro é o resultado tanto do processo de dessimbolização neoliberal, que reduz todos a meros objetos negociáveis e/ou descartáveis, e de um imaginário empobrecido, que reproduz imagens e ideias acriticamente. Bolsonaro é o resultado de uma sociedade que naturaliza a violência, o racismo, o sexismo e a homofobia.

Bolsonaro aparece para revelar o que se esconde no Brasil real.

Capítulo XX
CONCLUSÃO: PENSAR EM ALTERNATIVAS

O bolsonarismo e o neoliberalismo não são fenômenos passageiros, como demonstra a facilidade tanto com que o neoliberalismo se adapta às mais variadas circunstâncias e ideologias quanto como o bolsonarismo adentrou na sociedade brasileira.

Toda vez que é anunciado o fim do neoliberalismo, ele retorna repaginado e mais forte. Mais do que uma ideologia efêmera, esse modo de ver e atuar no mundo transformou o Estado, a sociedade e o indivíduo de uma maneira profunda em atenção aos interesses do mercado e dos detentores do poder econômico. As regras do mercado e a lógica da concorrência passaram a condicionar todas as esferas da vida. Criou-se um "novo sistema de normas que se apropria das atividades de trabalho, dos comportamentos e das próprias mentes. Esse novo sistema estabelece uma concorrência generalizada, regula a relação do indivíduo consigo mesmo e com os outros segundo a lógica da superação e do desempenho infinito".[31]

Deu-se, com o neoliberalismo, uma profunda mutação antropológica que leva seres humanos a se perceberam como "empresas", tratarem e serem tratados como objetos negociáveis e/ou descartáveis. A

---

[31] ARDOT, Pierre; LAVAL, Christian. *La nouvelle raison du monde:* essai sur la société néolibérale. Paris: La Découverte, 2009.

acumulação tendencialmente ilimitada do capital é a meta a condicionar a transformação do Estado, das relações sociais e da subjetividade.

Todavia, a dimensão ideológica do neoliberalismo dificulta a percepção da relação de causa e efeito entre as políticas neoliberais e o sofrimento suportado pela população (desemprego, violência, exploração, solidão etc). O desemprego, por exemplo, não é percebido como uma violência estrutural, inerente ao funcionamento "normal" do modelo neoliberal, mas como a consequência da "falta de mérito" do empregado ou da presença de "estrangeiros" no mercado de trabalho que "roubariam" as vagas de emprego.

Poucos prestam atenção nos efeitos desagregadores e destrutivos, tanto para a sociedade quanto para o indivíduo, da incorporação dos valores neoliberais a todas as relações, inclusive às mais íntimas. De um modo geral, as pessoas não percebem o que está acontecendo, não sabem quem lucra, quem perde, o que se perde e o que, verdadeiramente, está em jogo no modo de ver e atuar neoliberal.

De igual sorte, compreender o bolsonarismo, a manifestação brasileira do neoliberalismo ultra-autoritário, é necessário, portanto, para se revoltar, abandonar a inércia e procurar alternativas.

A tendência à ilimitação na busca por lucros, inerente ao neoliberalismo, é um claro sinal da catástrofe que ameaça um planeta que é finito. A crença no uso da violência, típica do bolsonarismo, é um sinal da aproximação da barbárie que ameaça a humanidade.

Mas, não basta compreender. É preciso construir alternativas a esse conjunto de normas e a esse imaginário que permitem a guerra econômica generalizada, a construção de inimigos, a destruição da natureza, o fim das solidariedades, o poder das finanças, o empobrecimento da população e o aumento crescente das desigualdades.

Porém, a grande dificuldade para apresentar respostas a um modelo tendencialmente destrutivo do planeta e da humanidade reside no fato do neoliberalismo ter múltiplas dimensões e utilizá-las para se proteger das ameaças e se adaptar às mudanças na sociedade. Não só a ideologia neoliberal que aparece para nublar a percepção dos potenciais adversários do neoliberalismo, como também, diante de cada ameaça, se dá a produção de novas imagens e de alterações da normatividade

CAPÍTULO XX - CONCLUSÃO: PENSAR EM ALTERNATIVAS

neoliberal com o objetivo de mantê-lo hegemônico. O neoliberalismo, não raro, coloniza imagens, ideias, práticas e movimentos que poderiam ser usados contra ele. Superar o neoliberalismo, então, exige uma alternativa capaz de produzir novas imagens, novas normas e novas práticas, bem como alterar radicalmente o modo dos indivíduos atuarem no mundo, sem se deixar seduzir ou cooptar. Para tanto, o meio utilizado para a transformação deve ser incompatível com o neoliberalismo.

Cada dimensão do "neoliberalismo" precisa ser desvelada para que possa ser substituída. Uma racionalidade só perde a hegemonia se novas normas e novas imagens forem produzidas e passarem a condicionar a relação das pessoas com o mundo-da-vida. Uma nova racionalidade capaz de unir um movimento concreto da sociedade a uma nova visão de mundo. Em um planeta finito e limitado é preciso partir da ideia de que um outro mundo é possível a partir da percepção de um destino comum da humanidade e, com isso, abandonar as ilusões neoliberais de "infinitude" e de "ilimitação".

Também não se deve insistir em "cálculos de interesse", que levam à inércia diante da crença de que ainda "há o que se perder". Não há. Não há mais "o que se perder" quando homens, mulheres e crianças são mortas em várias partes do mundo, diante do silêncio cúmplice da maioria da população, reduzidos a números e a objetos de cálculos semelhantes aos que permitiram o extermínio em massa de milhões de pessoas na Alemanha, país que era, então, considerado o bastião da civilização ocidental, durante o governo nazista. Em outras palavras, a barbárie retornou e já se faz presente e diante dela não há neutralidade ou inércia possível.

Superar o neoliberalismo exige "radicalidade", uma palavra que a racionalidade neoliberal buscou demonizar. Radicalidade, por definição, implica a ação de ir à raiz, à origem dos problemas. Uma resposta radical ao neoliberalismo passa, portanto, por abandonar a racionalidade, a normatividade e o imaginário neoliberais que pregam e justificam "a tragédia do não comum", segundo Christian Laval e Pierre Dardot. Superar o neoliberalismo, portanto, significa apostar em normas, imagens e em novos modos de atuar no mundo que afastem o modelo das empresas e a lógica da concorrência das relações sociais e impeçam que as pessoas continuem a ser tratadas como objetos negociáveis e/ou descartáveis.

Não se trata de buscar um retorno aos valores, às solidariedades e às legitimidades perdidas com a hegemonia do neoliberalismo. Retornar ao quadro que antecedeu e, em certo sentido, levou à era neoliberal não parece suficiente. Apresentar uma alternativa radical ao neoliberalismo, não pode significar retomar elementos, pressupostos e condições que já existiram e levaram (ou permitiram) à hegemonia do neoliberalismo. No lugar de retomar ou reaproveitar, os verbos a serem utilizados devem ser "inventar", "criar" e "recriar", como percebeu Amin Maalouf. Por evidente, não se trata de desconsiderar as experiências, os institutos, as categorias, as hipóteses, as instituições e as teorias que, em um determinado ponto, fracassaram, mas de criar algo novo a partir deles e do que foi possível aprender com o fracasso. É preciso, por exemplo, constatar a finitude dos recursos naturais e a insustentabilidade do consumo para se relacionar com eles de uma nova maneira, modificando o comportamento e privilegiando outras formas de satisfação e outras fontes de prazer adequadas a essa nova racionalidade.

Também é importante resgatar as palavras, as teses, os movimentos e os pensadores esquecidos ou demonizados a partir da racionalidade neoliberal para, a partir deles, inventar novos usos, novas teses, novos movimentos e tirar novas lições. Em apertada síntese, superar o neoliberalismo significa libertar as ações individuais e coletivas da necessidade de atender aos interesses dos "grupos econômicos, classes sociais e castas políticas que, sem abrir mão de nenhum de seus poderes e privilégios, querem prolongar o exercício da dominação por meio da manutenção da guerra econômica, da chantagem do desemprego e do medo dos estrangeiros", ainda de acordo com Dardot e Laval.

A alternativa ao neoliberalismo ultra-autoritário de Bolsonaro deve ser percebida, antes de tudo, como uma atividade criativa a partir de uma nova base e de um outro princípio organizador capaz de gerar algo radicalmente contrário ao neoliberalismo. Ora, o contrário do neoliberalismo é o comum. A ideia do comum é que se faz presente nas lutas sociais, movimentos populares e manifestações culturais contra o neoliberalismo. Pode-se, então, apontar que esse princípio capaz de fundar as novas relações sociais, condicionar o funcionamento do Estado e produzir uma nova economia psíquica é o "comum". "Comum", aliás, representa a unificação de várias lutas (sociais, econômicas, culturais, ecológicas, sócio-econômicas).

CAPÍTULO XX - CONCLUSÃO: PENSAR EM ALTERNATIVAS

Não por acaso, "comum" é uma palavra demonizada pelo neoliberalismo. Mas, o que é o "comum"? O comum, por definição, é aquilo que não pode ser apropriado ou negociado. Mas, ainda há muita controvérsia sobre o uso possível da palavra "comum" na atualidade, com confusões envolvendo desde os significados do termo até o conteúdo do conceito. Alguns significados da palavra "comum" podem, inclusive, ser tidos como contraditórios e propícios à colonização neoliberal, como ocorre, por exemplo, com as ideias de "economia colaborativa hipercapitalista" e "economia compartilhada", que nascem como atividades coletivas pautadas a partir da racionalidade neoliberal e que geram o fenômeno da "uberização", em tudo diferentes das experiências das "cooperativas integrais", fundadas no uso comum e na impossibilidade de apropriação.

Como princípio capaz de criar o novo, o "comum" deve ser entendido como o oposto do neoliberalismo: o contrário da concorrência, da ilimitação e da propriedade privada. O "comum" não é uma coisa ou a qualidade de uma coisa, também não é um fim, nem um "modo de produção" ou mesmo um "terceiro" interposto entre o Estado e o Mercado. O comum deve ser tido mais como um substantivo do que como um adjetivo: trata-se de um "princípio" político e estratégico. O "princípio do comum" enuncia que existe o inapropriável e o inegociável. A partir da instituição do comum, novas imagens, novas normas, novos comuns e uma nova realidade pode surgir.

Hoje, como explicam Christian Laval e Pierre Sauvêtre,[32] o "comum" se tornou a referência central na resistência ao neoliberalismo, o "nome genérico dado às lutas atuais contra o capitalismo neoliberal bem como das experiências práticas que procuram demonstrar que é possível fazer e viver de outro modo, sem se subordinar ao capital e à burocracia do Estado". Mas, pode ser mais do que isso. Não basta ser uma ideia que mobilize a resistência ao neoliberalismo, o comum deve ser capaz de criar um mundo não-neoliberal. O comum, como um princípio (arché), deve fundar um novo começo e, ao mesmo tempo, passar a servir de vetor interpretativo e de mandamento nuclear do novo modo de ver e atuar na sociedade. O comum, portanto, tem potencial de servir como limite ao mercado e à ação do Estado. A partir do comum,

---

[32] LAVAL, Christian; SAUVÊTRE, Pierre; TAYLAN, Ferhat. "Introduction". *In: L'alternative du commun*. Paris: Hermann, 2019.

é possível pensar na relativização do direito de propriedade, a preservação da natureza, a construção de uma cultura democrática, marcada pelo respeito aos direitos fundamentais de todos e todas etc.

A alternativa ao neoliberalismo passa por instaurar uma esfera do inegociável, regida pela norma da inapropriabilidade: determinadas coisas não devem ser apropriadas porque devem ser reservadas ao uso comum. Em outras palavras, o princípio do comum, como norma que é, impõe limites ao exercício do poder, de qualquer poder, e à busca de lucros, que são instituídos a partir de práticas coletivas instituintes dos comuns. Os direitos fundamentais, por exemplo, são "comuns" que resultaram de lutas coletivas e hoje representam uma esfera do inegociável. O rol dos direitos fundamentais, pela ação instituinte de comuns, pode ser alargado, mas nunca restrito.

Importante lembrar que é sempre uma "atividade que comuniza a coisas, inserindo-a num espaço institucional pela produção de regras específicas". Os diversos "comuns" são construídos a partir de atividades coletivas regidas pelo princípio do comum e atendendo a uma pergunta: o que não pode ser negociável?

No campo político, o comum leva à efetiva atividade de deliberar sobre o que é "bom" ou "justo", bem como sobre as ações e opções que devem ser tomadas a partir da atividade coletiva. Abandonam-se, em princípio, "cálculos matemáticos" e "técnicas de gestão" adotadas à priori, substituindo-as por deliberação e julgamentos coletivos diante das particularidades e sensibilidade inerentes a cada caso concreto. Rejeita-se, assim, qualquer autoridade exterior à atividade comum ou fonte transcendente. Toda obrigação, à luz do princípio do comum, "procede inteiramente do agir comum, extrai força do compromisso prático que une todos os que elaboraram juntos as regras de sua atividade".

Em suma, para superar o neoliberalismo é preciso construir uma racionalidade, uma normatividade e um imaginário do "comum", daquilo que vale por ser construído "por" e "para" todos. Daquilo que, por ser comum, é inegociável. Por isso é preciso insistir na força do comum, desdemonizar a palavra e refundar o conceito de comum como objeto da política. Não é impossível.

REFERÊNCIAS BIBLIOGRÁFICAS

ADORNO, Theodor W; HORKHEIMER, Marx. *Dialética do esclarecimento.* Rio de Janeiro: Zahar, 1985.

ADORNO, Theodor W. *Jargon de l'authenticité.* Paris: Payot, 2006.

ADORNO, Theodor w. *Etude sur la personalité autoritaire.* Trad. Hélène Frappat. Paris: Allia, 2007.

AGACINSKI, Sylviane. *L'homme désincarné. Du corps charnel au corps fabriqué.* Paris: Gallimard, 2019.

ALMEIDA, Silvio. *Racismo estrutural.* São Paulo: Polém, 2019.

BADIOU, Alain. *L'hypothese communiste.* Paris: Lignes, 2009.

BADIOU, Alain. *L'éthique: essai sur la conscience du mal.* Paris: Nous, 2019.

BADIOU, Alain. *Trump.* Paris: PUF, 2020.

BAUMAN, Zygmunt. *Retrotopia.* Rio de Janeiro: Zahar, 2017.

BENJAMIN, Walter. "Per la critica della violenza". In: *Angelus novus, Saggi e frammenti.* Turin: Einaudi, 1981.

BERNAYS, Edward. *Crystallizing public opinion.* Montana: Kessinger Publishing, 2004.

BERNAYS, Edward. "The engineering of consent, 1947". *In:* <http://classes.design.ucla.edu/Fall07/28/Engineering_of_consent.pdf>. Acesso: em 15 de junho de 2019.

BROWN, Wendy. *Défair le demos. Le neoliberalisme, une révolution furtive.* Paris: Éditions Amsterdam, 2018.

CASARA, Rubens. *Estado Pós-Democrático*. Rio de Janeiro: Civilização Brasileira, 2017.

CASARA, Rubens. *Processo Penal do Espetáculo*. Rio de Janeiro: Tirant Lo Blanch, 2017.

CASARA, Rubens. *Sociedade sem lei*. Rio de Janeiro: Civilização Brasileira, 2018.

CASTORIADIS, Cornelius; LASCH, Christopher. *La culture de l'égoïsme*. Paris: Climats, 2012.

COURMONT, Antoine; LE GALÈS, Patrick. *Gouverner la ville numérique*. Paris: Puf, 2019.

DARDOT, Pierre; LAVAL, Christian. *La nouvelle raison du monde:* essai sur la société néolibérale. Paris: La Découverte, 2009.

DARDOT, Pierre; LAVAL, Christian. Comum. *Ensaio sobre a revolução no século XXI*. São Paulo: Boitempo, 2017.

DARDOT, Pierre; LAVAL, Christian. *Ce cauchemer qui n'en finit pas*. Paris: Decouvert, 2016.

DARDOT, Pierre; LAVAL, Christian. *A "nova" fase do neoliberalismo*. Disponível em: HYPERLINK "http://www.outraspalavras.net" www.outraspalavras.net. Acesso em: 30.06.2019.

DEBORD, Guy. *La société du spectacle*. Paris: Buchêt-Chastel, 1967.

DELEUZE, Gilles. "Sur la mort de l'homme et le surhomme". *In: Foucault*. Paris: Les Éditions de Minuit, 2004.

DUFOUR, Dany-Robert. *L'art de réduire les têtes*. Paris: Denoël, 2003.

DUFOR, Dany-Robert. *O divino mercado:* a revolução cultural liberal. Trad. Procópio Abreu. Rio de Janeiro: Companhia de Freud, 2008.

DUGAIN, Marc; LABBÉ, Christophe. *L'homme nu:* la dictature invisible du numérique. Paris: Plon/Robert Laffont, 2016.

HAN, Byung-Chul. *Dans la nuée:* reflexions sur le numérique. Trad. Matthieu Dumont. Paris: Acts Sud, 2015.

KLEIN, Naomi. *Doutrina do Choque:* a ascensão do capitalismo de desastre. Trad. Vania Cury. Rio de Janeiro: Nova Fronteira, 2008.

KORYBKO, Andrew. *Guerras híbridas:* das revoluções coloridas aos golpes. Trad. Thyago Antunes. São Paulo: Expressão Popular, 2018.

REFERÊNCIAS BIBLIOGRÁFICAS

LACAN, Jacques. *O saber do psicanalista*, 1971-72. Inédito.

LACAN, Jacques. *L'éthique de la psychanalyse*. Paris: Seuil, 1986.

LACAN, Jacques. *Le semináire. Livre X. L'angoise*. Paris: Seuil, 2004.

LACAN, Jacques. Le semináire. Livre VI. Le désir et son interpretation. Paris, Éditions de La Martinière, 2013.

LASCH, Christopher. *The culture of nascissism*. American life in age of diminishing expectations. New York: W.W. Norton & Company, 2018.

LAVAL, Christian. *L'homme économique*. Paris: Gallimard, 2007.

LAVAL, Christian. Foucault. *Bordieu et la question néoliberale*. Paris: Decouvert, 2018.

LAVAL, Christian. "L'a-democratie néolibérale". *In: Imaginaires du néolibéralisme*. Paris: La dispute, 2016.

LAVAL, Christian; SAUVÊTRE, Pierre; TAYLAN, Ferhat. "Introduction". *In: L'alternative du commun*. Paris: Hermann, 2019.

LAVAL, Christian. *Foucault, Bordieu et la question néolibérale*. Paris: La Découverte, 2018.

NEUMANN, Franz. *Behemoth:* The structure and practice of national socialism. Chicago: Ivan R. Dee, 2009.

NUNES, António José Avelãs. *Neoliberalismo e direitos humanos*. Rio de Janeiro: Renovar, 2003.

ORSINA, Giovanni. *La democrazia del narcisismo:* breve storia dell'antipolitica. Venezia: Marsilio Editori.

PASQUALE, Frank. *Black box society:* les algorithms secrets qui contrôlent l'économie et l'information. Paris: Fyp, 2015.

SHARP, Gene. "198 Methods of non-violence action. The Albert Einstein Institution". *In:* <http://www.aeistein.org/nva/198-methods-of-nonviolent-action/>. Acesso em 11.06.2019.

SHIVA, Vandana. *1%:* reprendre le pouvoir face à la toute-puissance des riches. Paris: Editions Rue de l'échiquier, 2019.

SOUZA, Jessé. *A classe média no espelho*. Rio de Janeiro: Estação Brasil, 2018.

TIBURI, Marcia. *Olho de Vidro:* a televisão e o estado de exceção da imagem. Rio de Janeiro: Record, 2011.

NOTAS

NOTAS

A Editora Contracorrente se preocupa com todos os detalhes de suas obras! Aos curiosos, informamos que este livro foi impresso no mês de junho de 2020, em papel Pólen Soft 80g, pela Gráfica Copiart.